STEP 2

손으로 생각하는 사고력 수학 시리즈

챌린지 CHALLENGE

3D큐브

몬스터매스 챌린지의 활용법

3D큐브를 활용하여 수학의 5대 영역(수와 연산, 도형, 측정, 자료와 가능성, 규칙성)의 내용을 골고루 학습합니다.

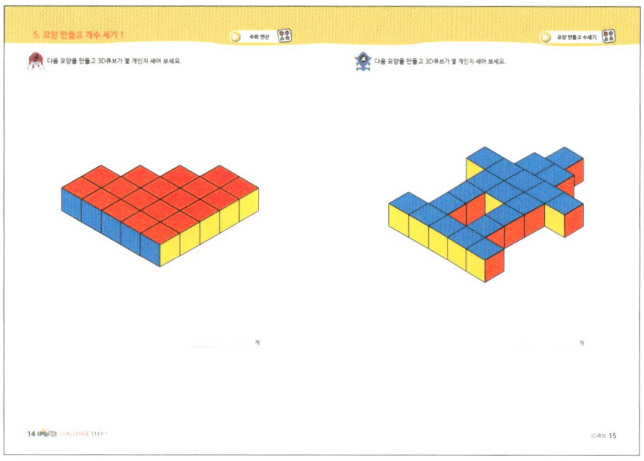

3D큐브의 수학적 의미에 대한 스토리는 아이들에게 흥미를 이끌어내도록 합니다.

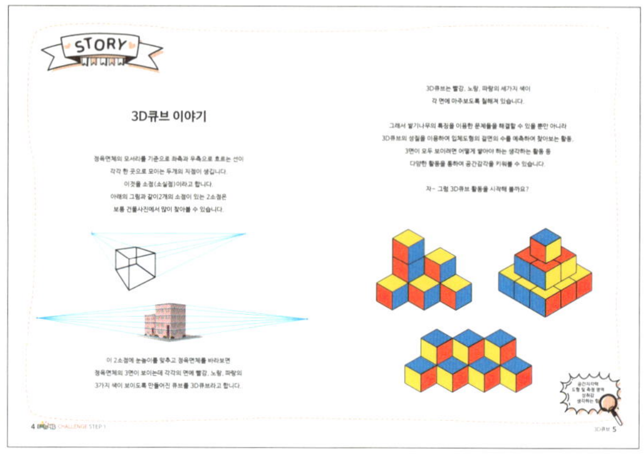

아이들의 흥미를 위해 놓아보기( ), 색칠하기( ), 연필로 그려보기( ) 등 다양하게 활동하도록 합니다.

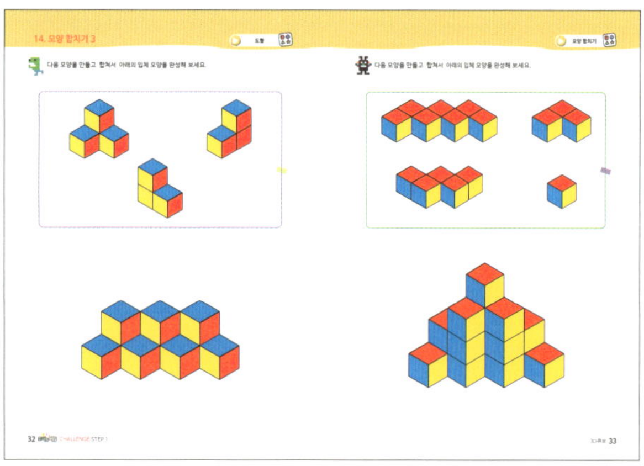

티칭 가이드를 통해 주제에 따른 학습 내용과 지도에 대한 팁을 활용합니다.

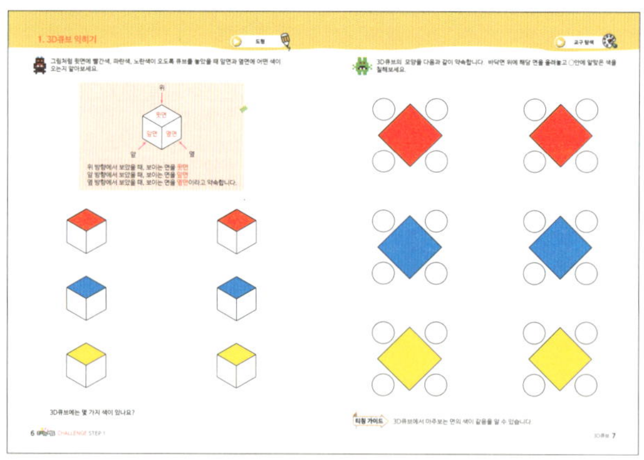

학습효과

1. 수학의 5대 영역에 대하여 폭넓게 익히고, 경험할 수 있습니다.
2. 특히 영재성의 기본인 공간지각력을 키우고, 공간 구조를 익힐 수 있습니다.
3. 어려운 문제를 해결해냄으로써 성취감을 높여줍니다.
4. 문제 해결을 위한 전략적인 사고는 생각하는 힘을 길러줍니다.

CONTENTS

4 0. 스토리

6 1. 3D큐브 익히기

8 2. 큐브 더하기

10 3. 큐브 빼기

12 4. 규칙 알기

14 5. 조건에 맞는 모양 1

16 6. 입체 모양 만들기

18 7. 입체 모양 자르기

20 8. 조건에 맞는 모양 2

22 9. 조건에 맞는 모양 3

24 10. 위, 앞, 옆에서 본 모양 1

26 11. 큐브 개수 세기

28 12. 위, 앞, 옆에서 본 모양 2

30 13. 위, 앞, 옆에서 본 모양 3

32 14. 위, 앞, 옆에서 본 모양 4

34 15. 3면이 보이는 큐브

36 16. 큐브 스도쿠

38 17. 겉면의 색의 개수

40 18. 색배열퍼즐 1

42 19. 색배열퍼즐 2

44 20. 색배열퍼즐 3

46 정답

STORY

3D큐브 이야기

정육면체의 모서리를 기준으로 좌측과 우측으로 흐르는 선이
각각 한 곳으로 모이는 두개의 지점이 생깁니다.
이것을 소점(소실점)이라고 합니다.
아래의 그림과 같이 2개의 소점이 있는 2소점은
보통 건물사진에서 많이 찾아볼 수 있습니다.

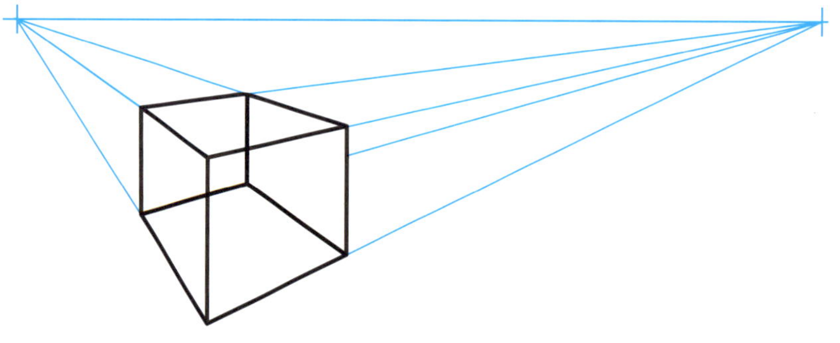

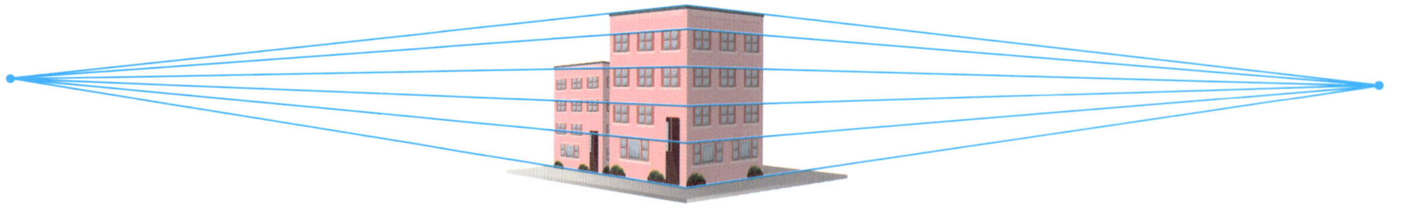

이 2소점에 눈높이를 맞추고 정육면체를 바라보면
정육면체의 3면이 보이는데 각각의 면에 빨강, 노랑, 파랑의
3가지 색이 보이도록 만들어진 큐브를 3D큐브라고 합니다.

3D큐브는 빨강, 노랑, 파랑의 세가지 색이

각 면에 마주보도록 칠해져 있습니다.

그래서 쌓기나무의 특징을 이용한 문제들을 해결할 수 있을 뿐만 아니라
3D큐브의 성질을 이용하여 입체도형의 겉면의 수를 예측하여 찾아보는 활동,
3면이 모두 보이려면 어떻게 쌓아야 하는지 생각하는 활동 등
다양한 활동을 통하여 공간감각을 키워볼 수 있습니다.

자~ 그럼 3D큐브 활동을 시작해 볼까요?

1. 3D큐브 익히기

도형

그림처럼 윗면에 빨간색, 파란색, 노란색이 오도록 큐브를 놓았을 때 옆면에 어떤 색이 오는지 알아보세요.

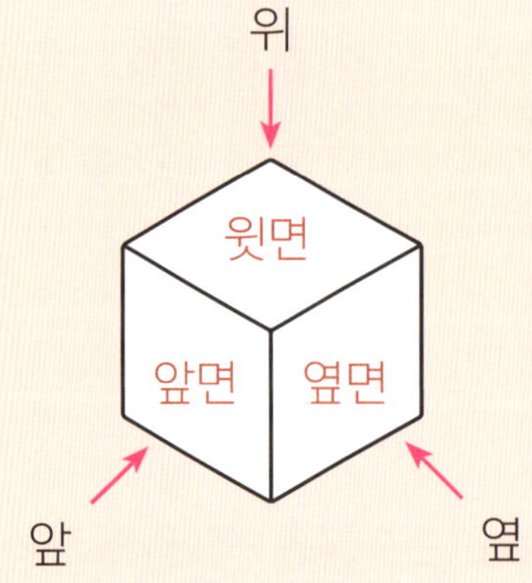

위 방향에서 보았을 때, 보이는 면을 윗면
앞 방향에서 보았을 때, 보이는 면을 앞면
옆 방향에서 보았을 때, 보이는 면을 옆면이라고 약속합니다.

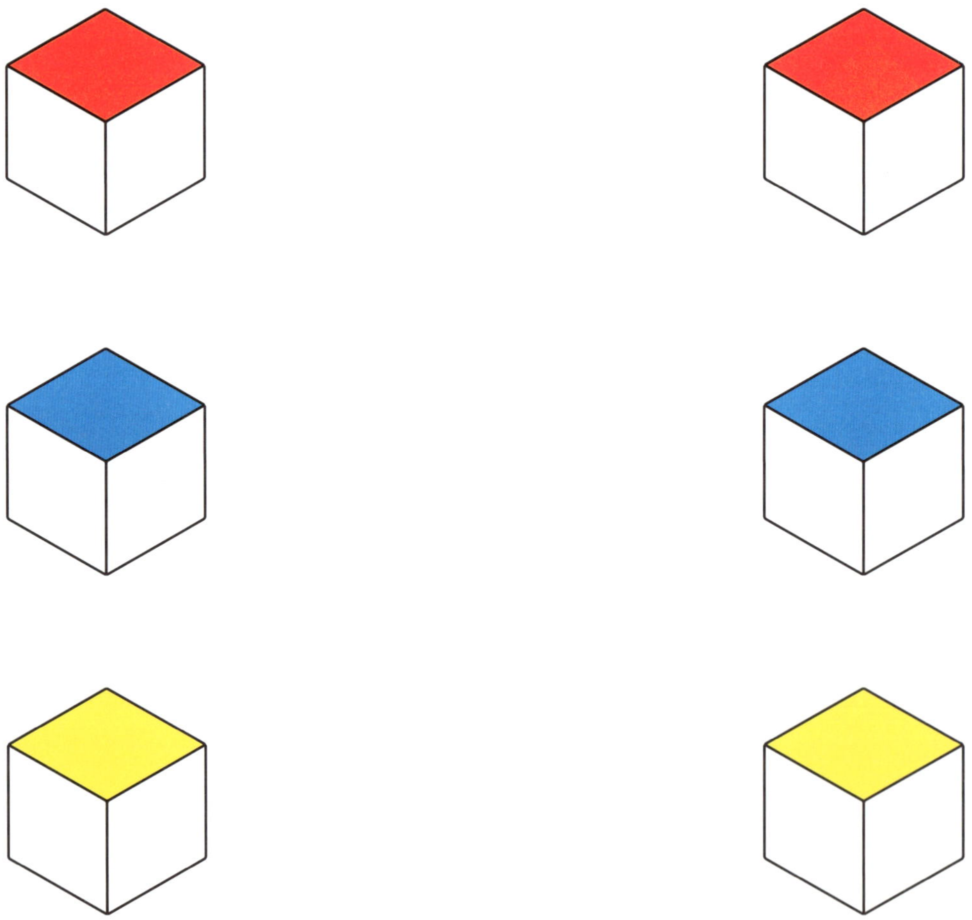

3D큐브에는 몇 가지 색이 있나요?

3D큐브의 모양을 다음과 같이 약속합니다. 바닥면 위에 해당 면을 올려놓고 ○안에 알맞은 색을 칠해보세요.

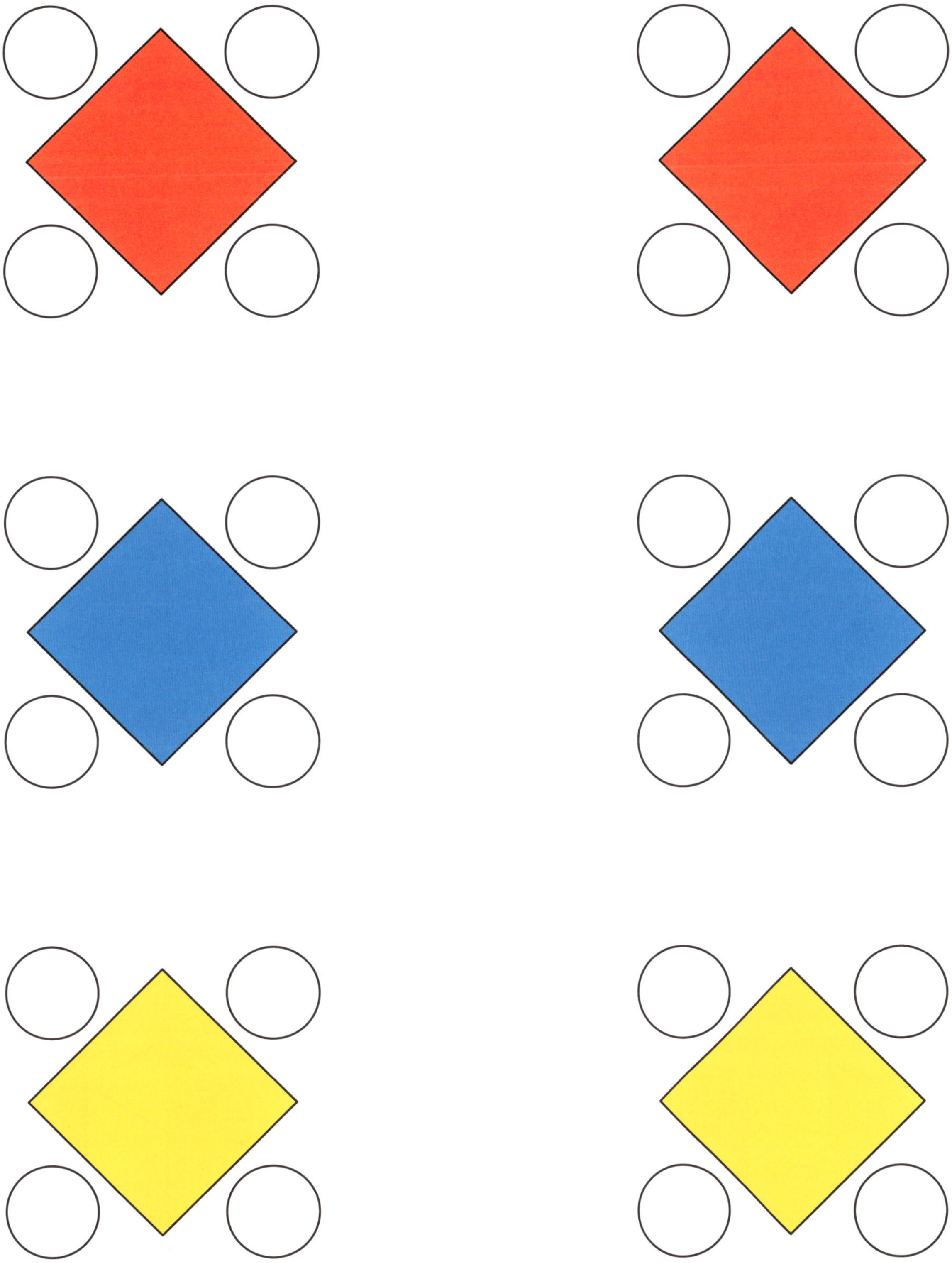

티칭 가이드 3D큐브에서 마주보는 면의 색이 같음을 알 수 있습니다.

보기와 같이 왼쪽 모양에서 큐브 몇 개를 더 붙여서 오른쪽 모양을 만들었습니다. 오른쪽 모양에서 더해진 큐브는 어느 것인지 ◯해보세요. (단, 보이지 않는 곳에는 숨겨진 큐브가 없다고 생각합니다.)

보기

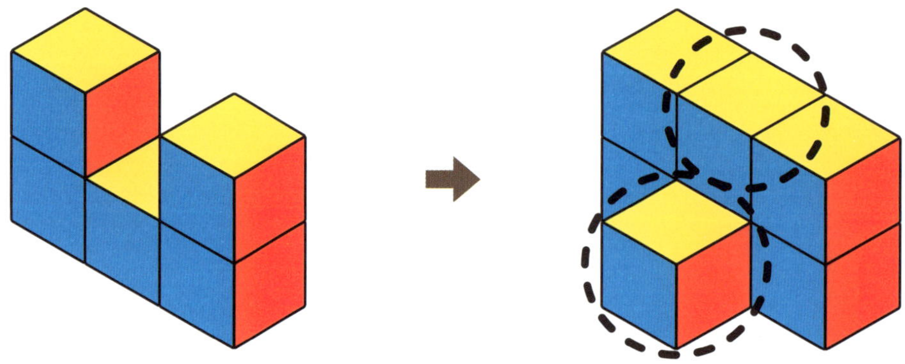

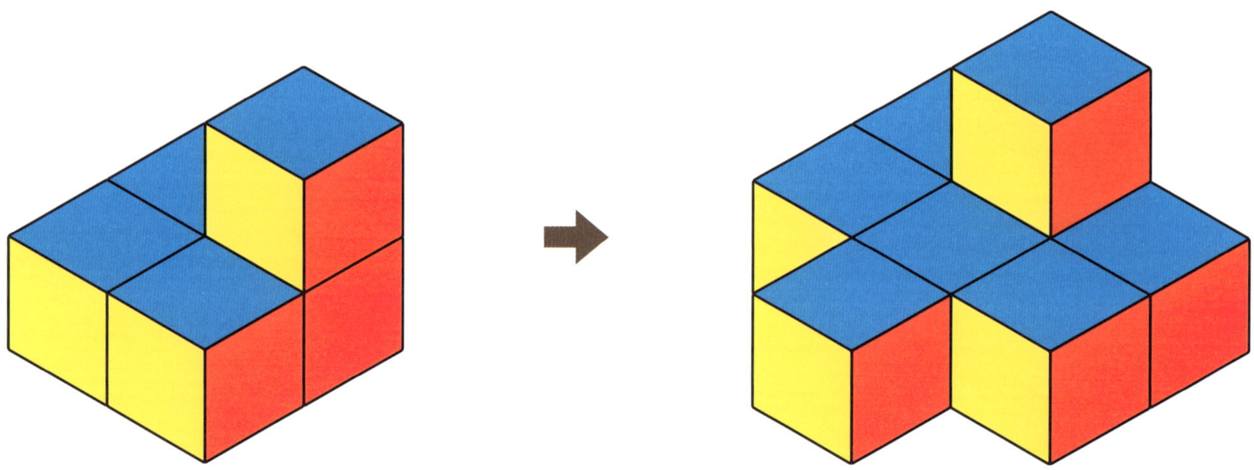

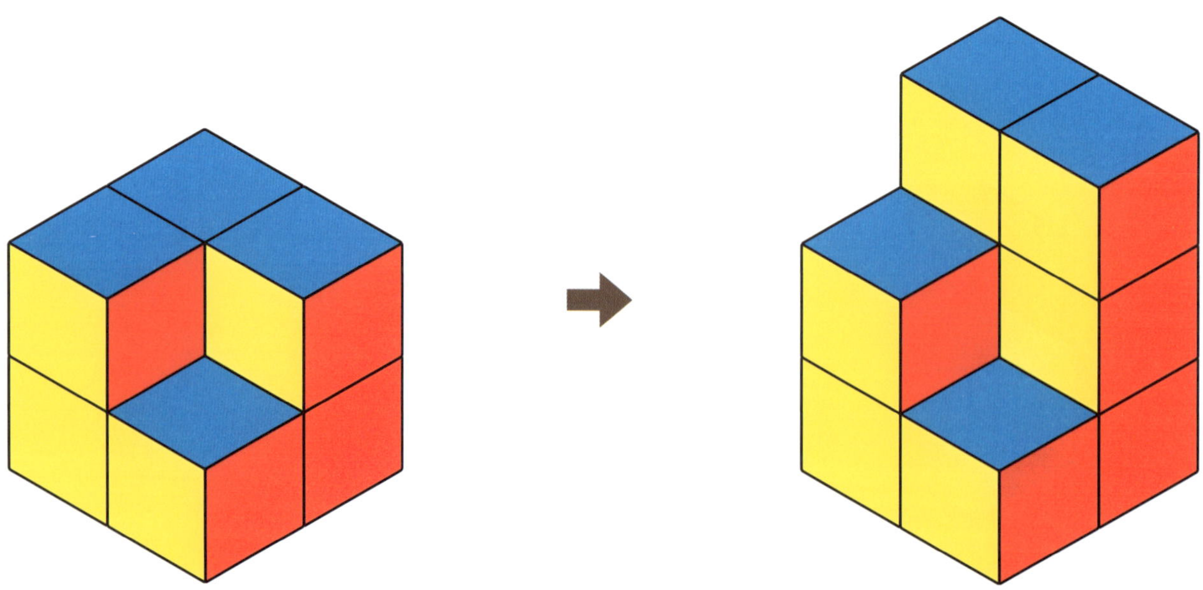

보기와 같이 왼쪽 모양에서 큐브 몇 개를 더 붙여서 오른쪽 모양을 만들었습니다. 오른쪽 모양에서 더해진 큐브는 어느 것인지 ○해보세요. (단, 보이지 않는 곳에는 숨겨진 큐브가 없다고 생각합니다.)

3. 큐브 빼기

도형

보기와 같이 왼쪽 모양에서 큐브 몇 개를 빼서 오른쪽 모양을 만들었습니다. 왼쪽 모양에서 없어진 큐브는 어느 것인지 ◯해보세요. (단, 보이지 않는 곳에는 숨겨진 큐브가 없다고 생각합니다.)

보기

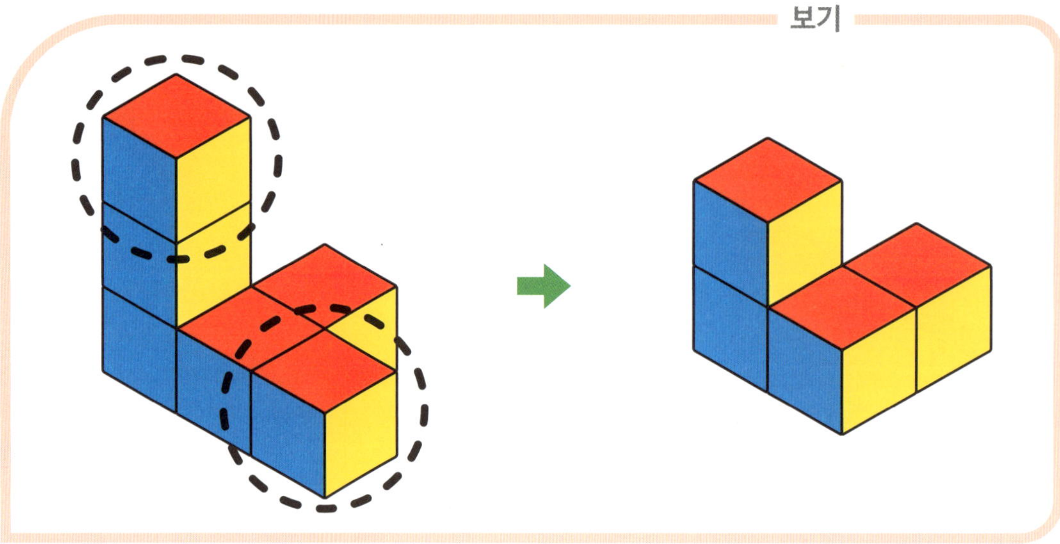

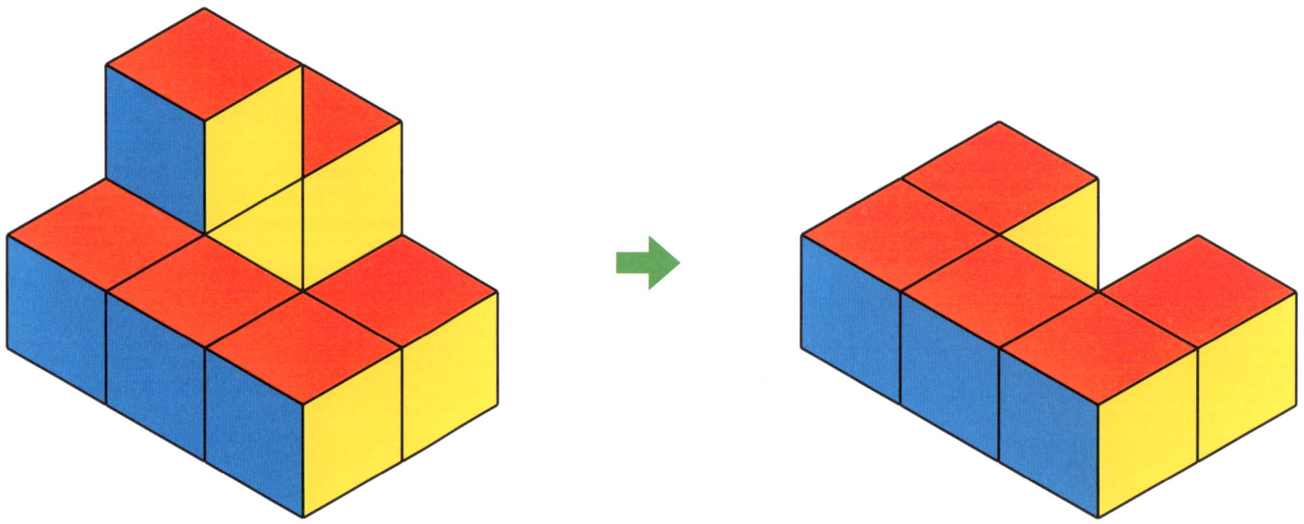

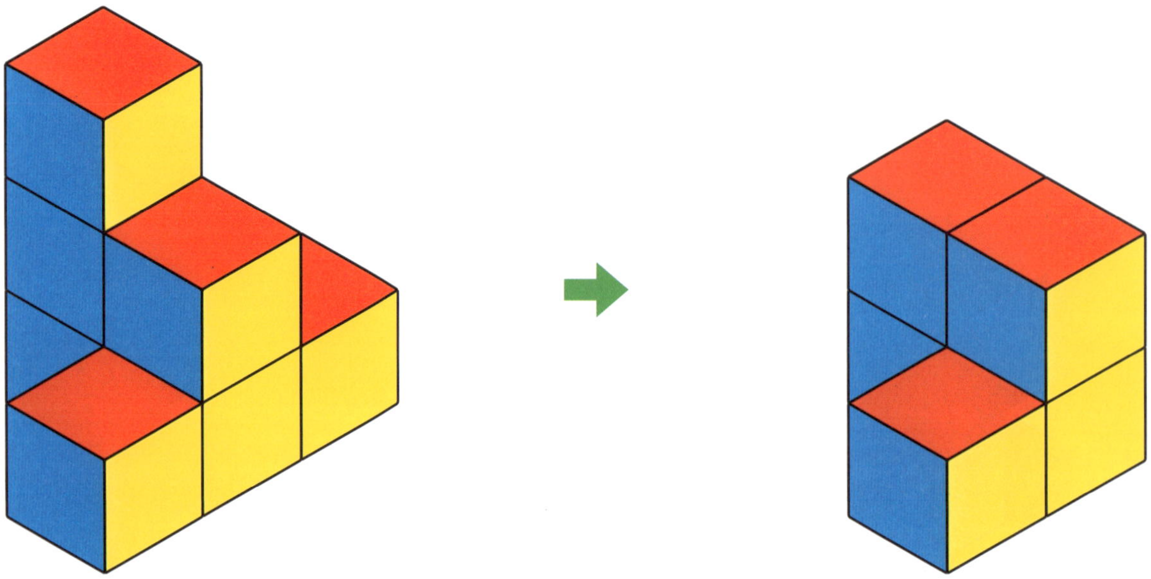

보기와 같이 왼쪽 모양에서 큐브 몇 개를 빼서 오른쪽 모양을 만들었습니다. 왼쪽 모양에서 없어진 큐브는 어느 것인지 ○해보세요. (단, 보이지 않는 곳에는 숨겨진 큐브가 없다고 생각합니다.)

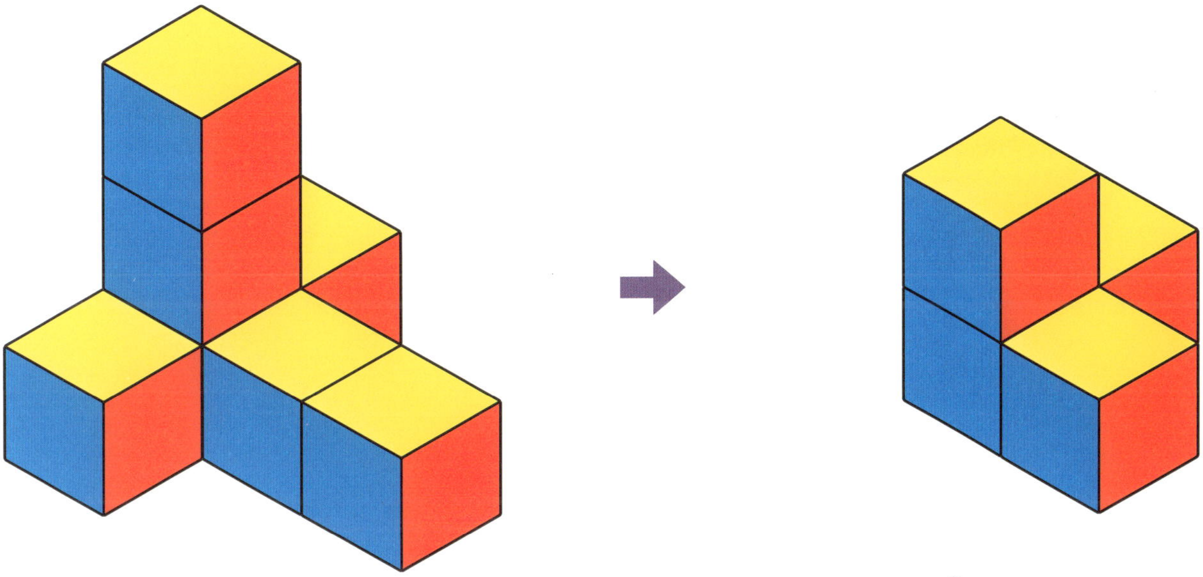

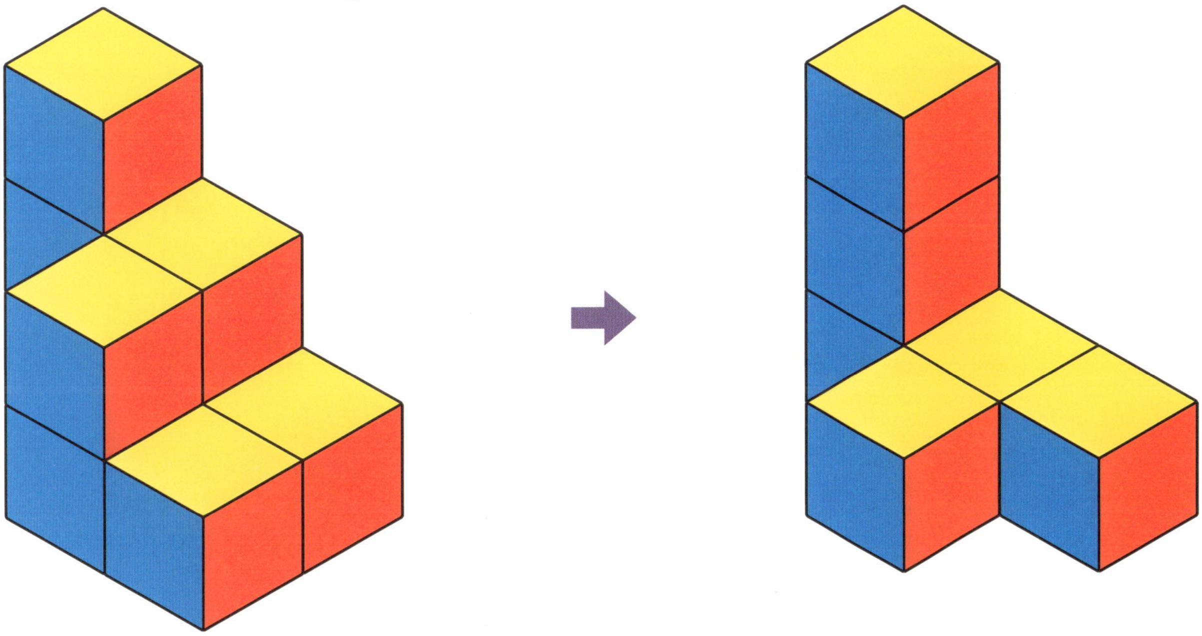

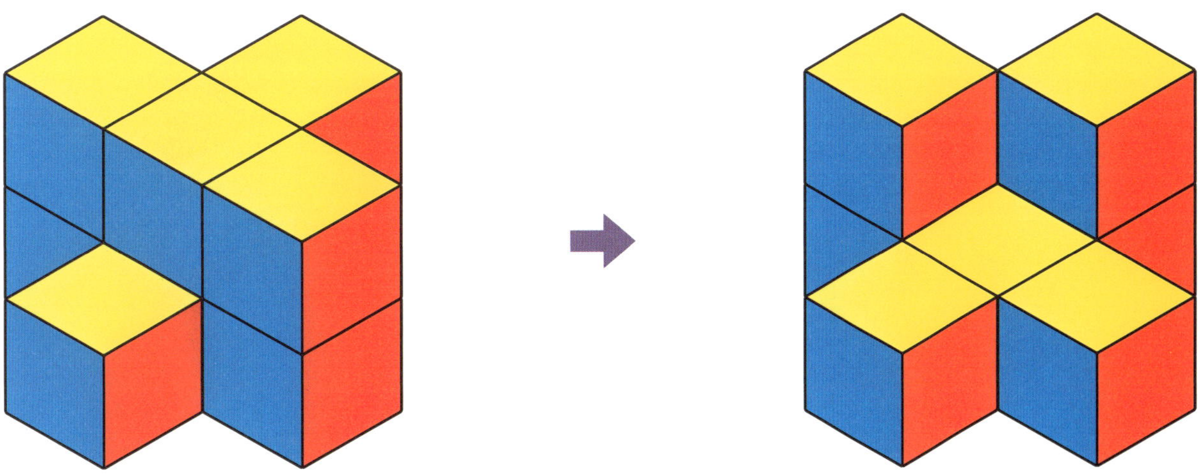

4. 규칙 알기

다음 그림을 보고 반복되는 곳을 찾아 ◯해보세요.

보기

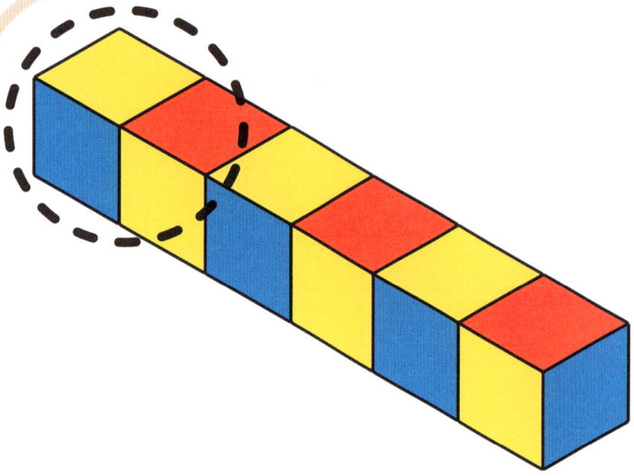

위에서 보았을 때 :
노란색-빨란색이 반복됩니다.

앞에서 보았을 때 :
파란색-노란색이 반복됩니다.

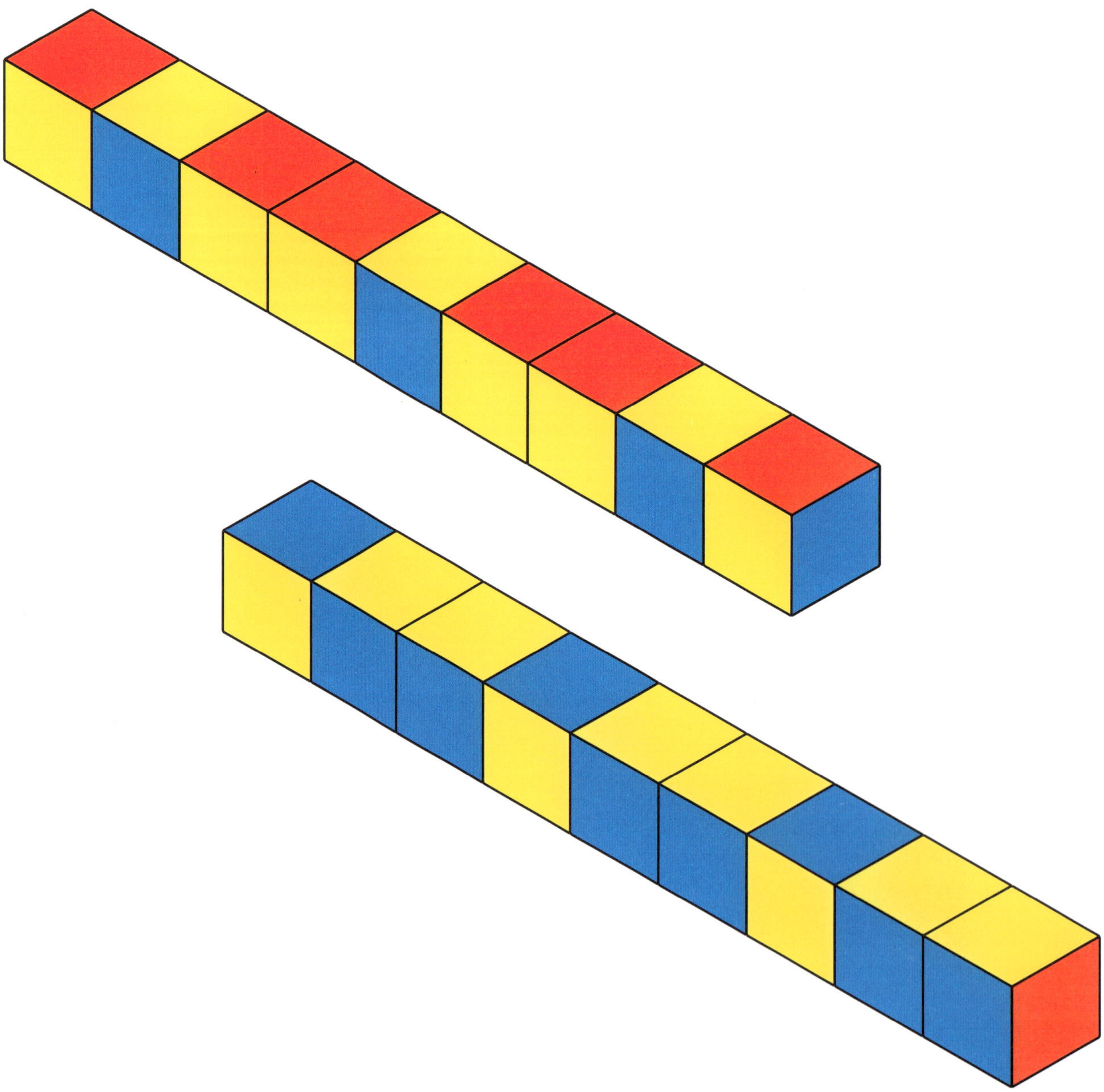

다음 그림을 보고 반복되는 찾아 곳을 ○해보세요.

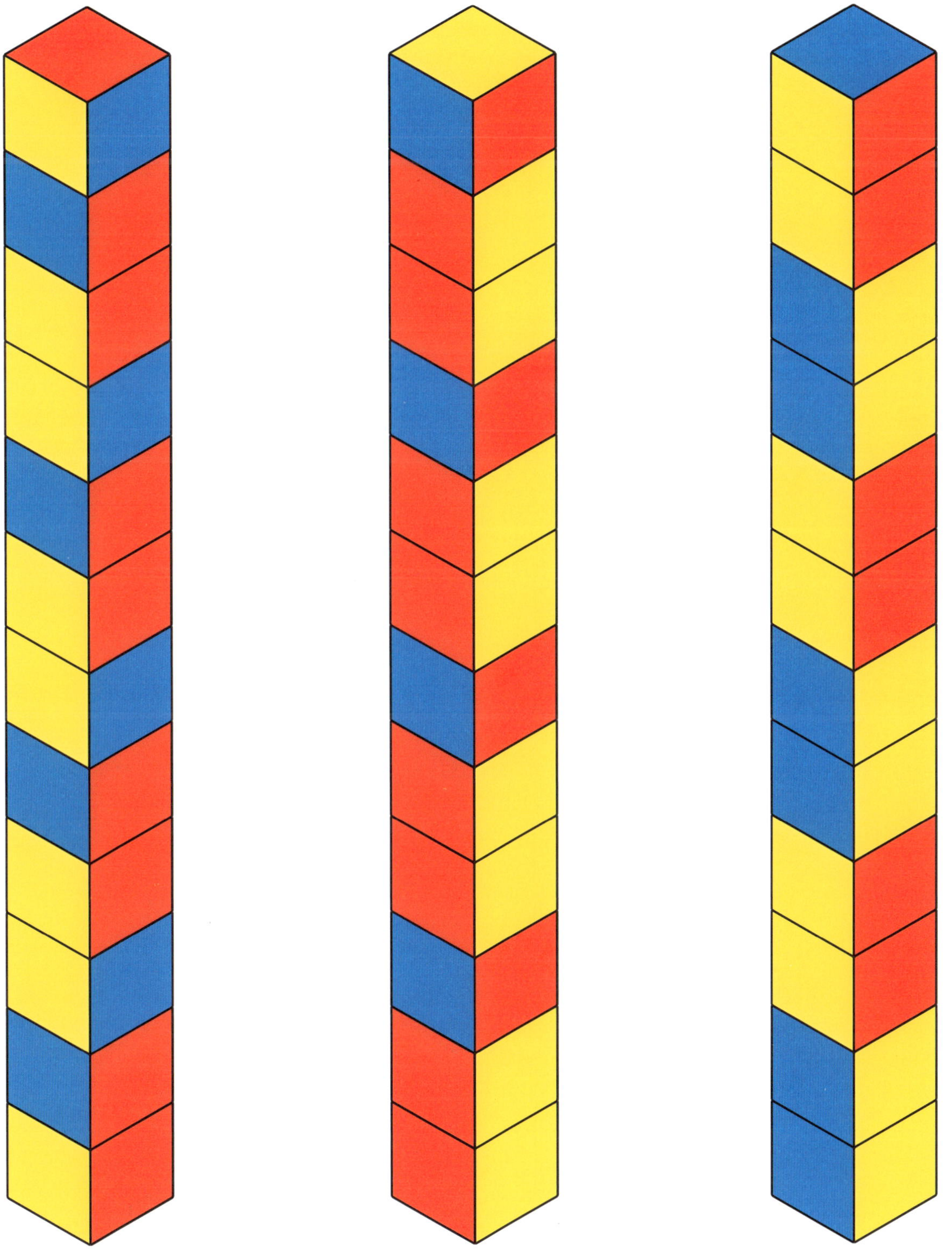

5. 조건에 맞는 모양 1

다음 조건에 맞도록 모양을 만들고 색칠해 보세요.

조건

1. 윗면의 색은 모두 같습니다.
2. 앞면-옆면이 노란색-파란색으로 반복됩니다.

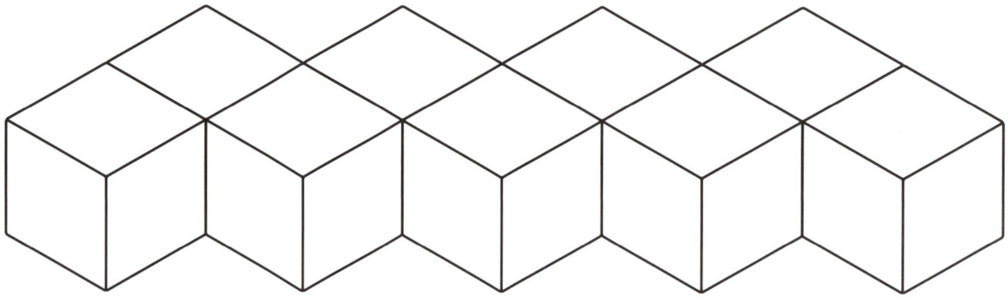

조건

1. 바닥면의 색은 모두 같습니다.
2. 빨간색은 파란색과 만납니다.

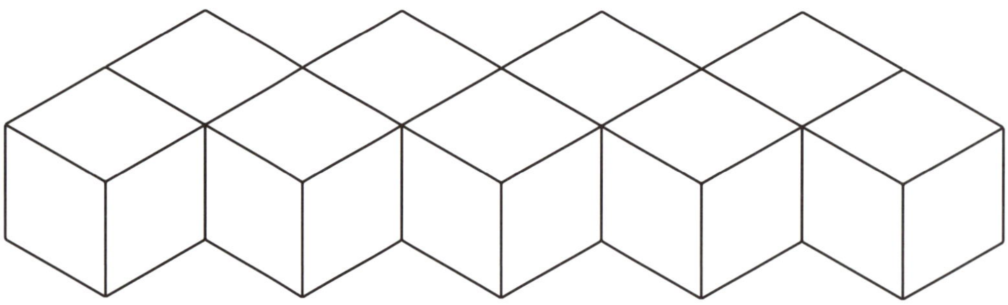

다음 조건에 맞도록 모양을 만들고 색칠해 보세요.

조건

1. 윗면의 색은 모두 같습니다.
2. 앞면-옆면이 노란색-파란색으로 반복됩니다.

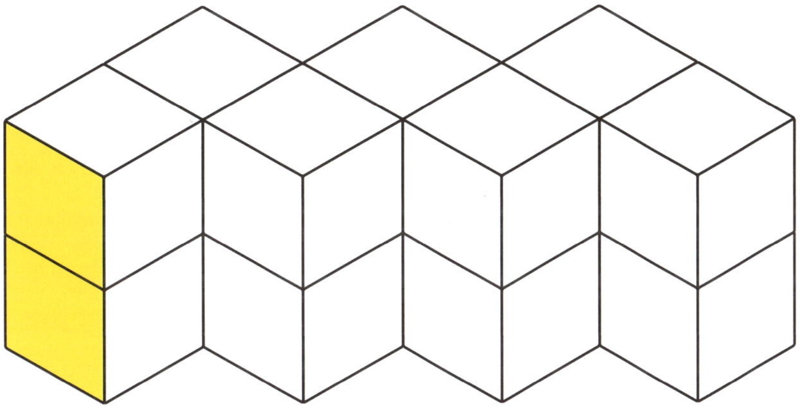

조건

1. 바닥면 색은 빨간색입니다.
2. 같은 색 면끼리 만납니다.

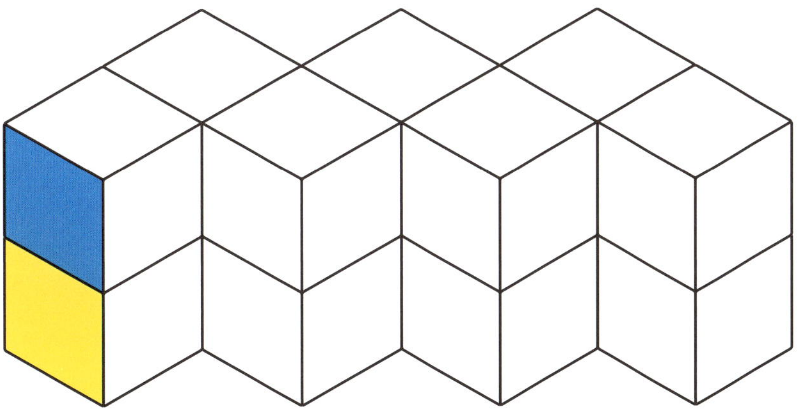

주어진 입체 모양 4개로 제시된 모양을 만들고 색칠해 보세요.

4개

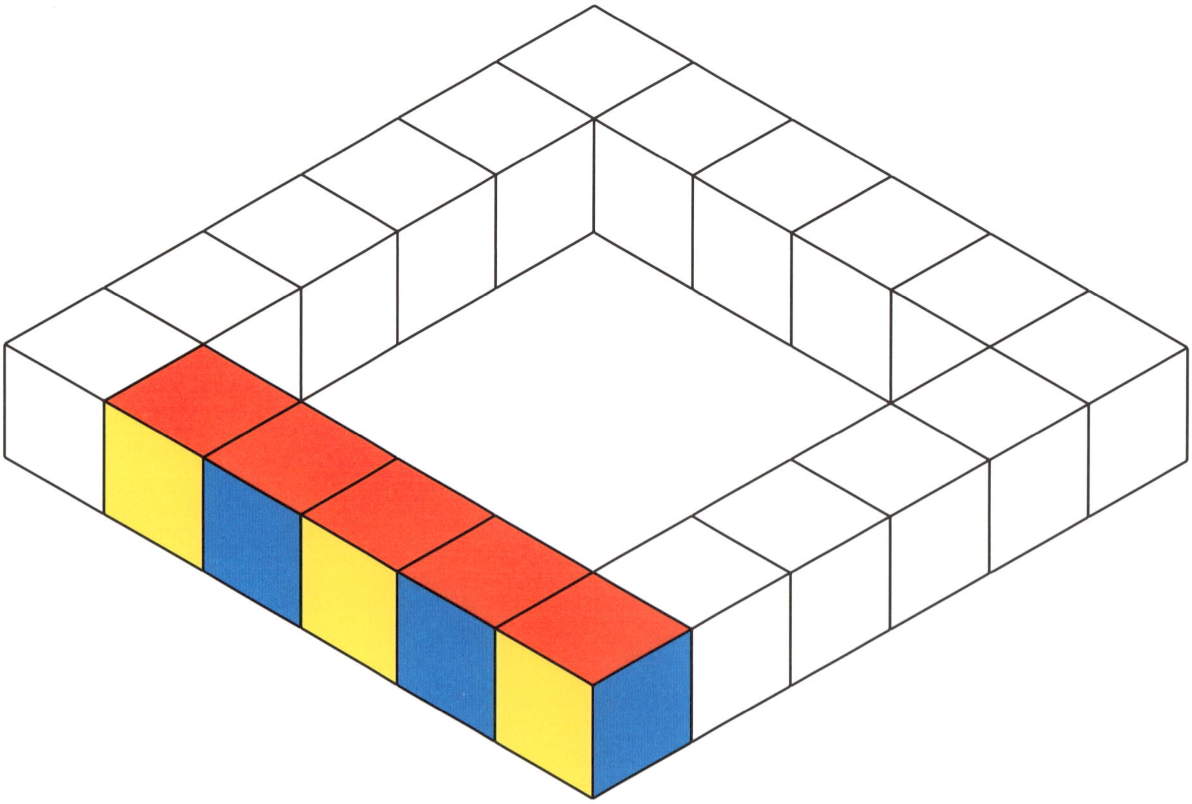

주어진 입체 모양 4개로 제시된 모양을 만들고 색칠해 보세요.

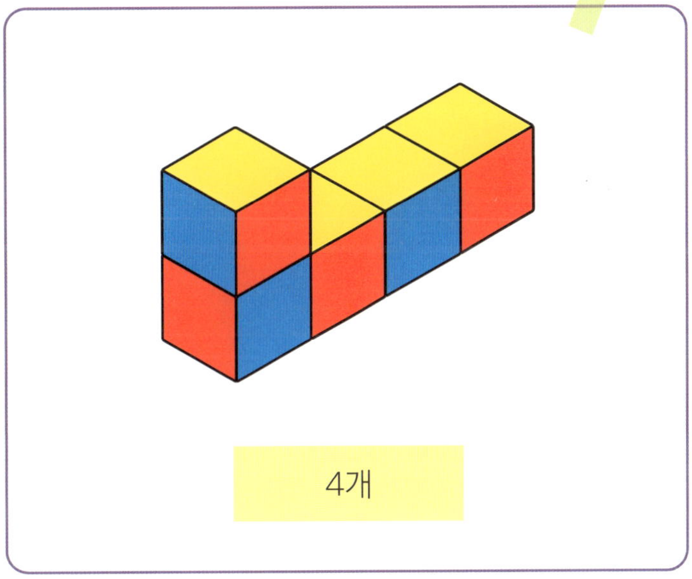

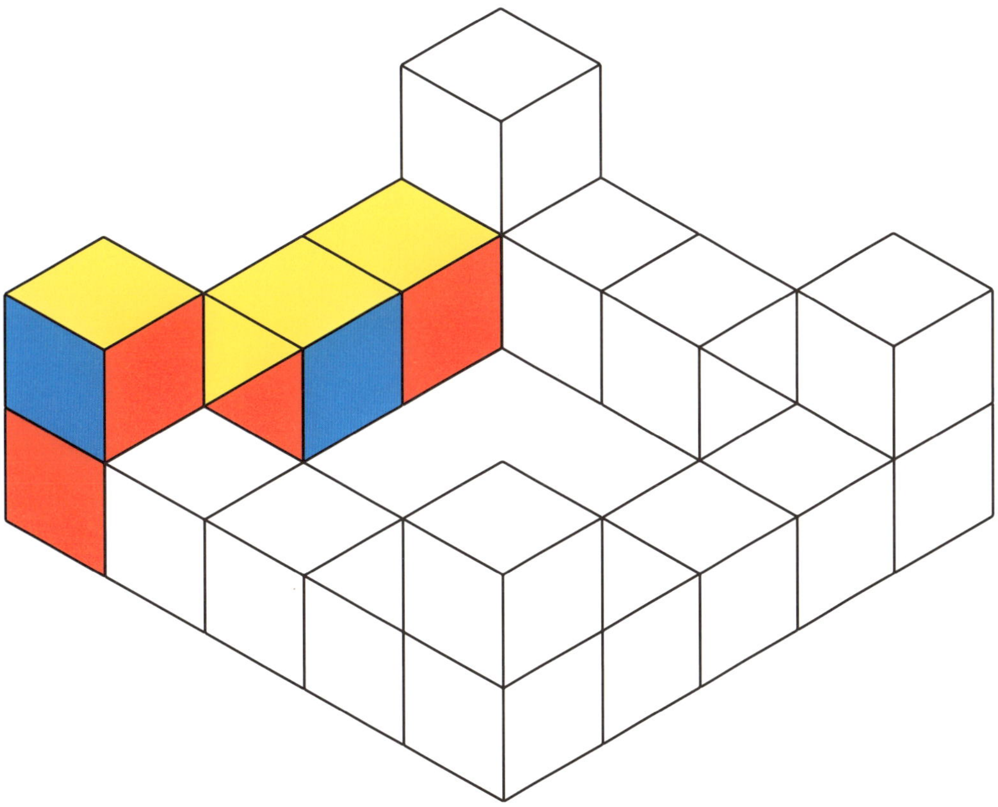

7. 입체 모양 자르기

왼쪽 모양을 똑같이 4개로 자르면 오른쪽 모양이 됩니다. 어떤 모양으로 자르면 되는지 색칠해 보세요.

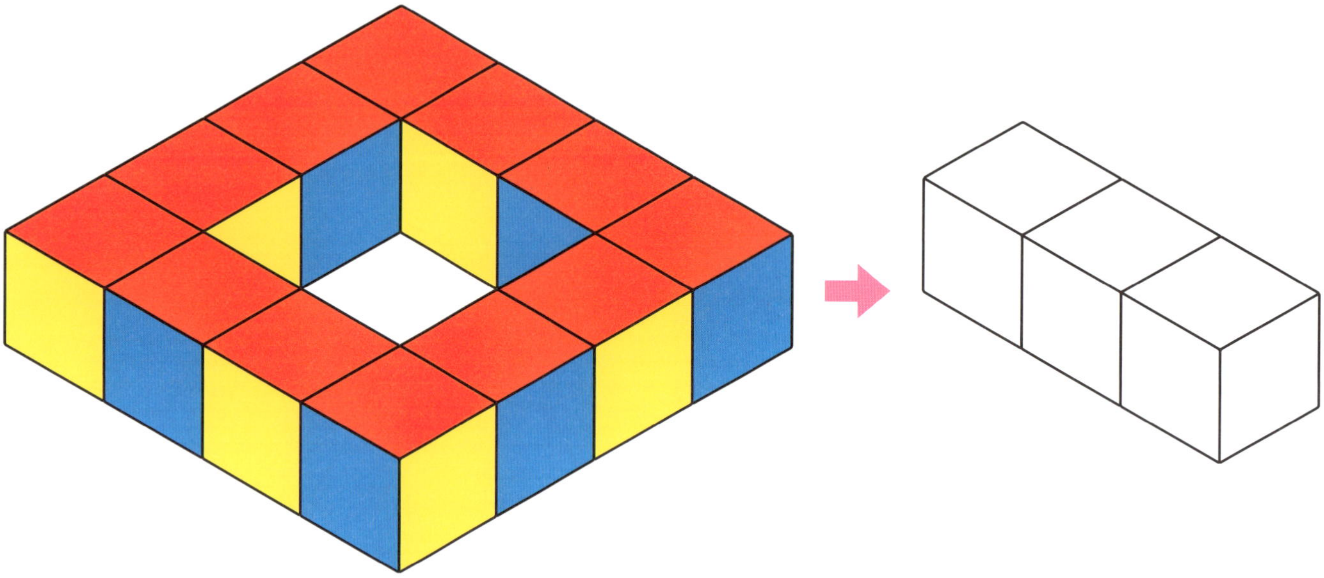

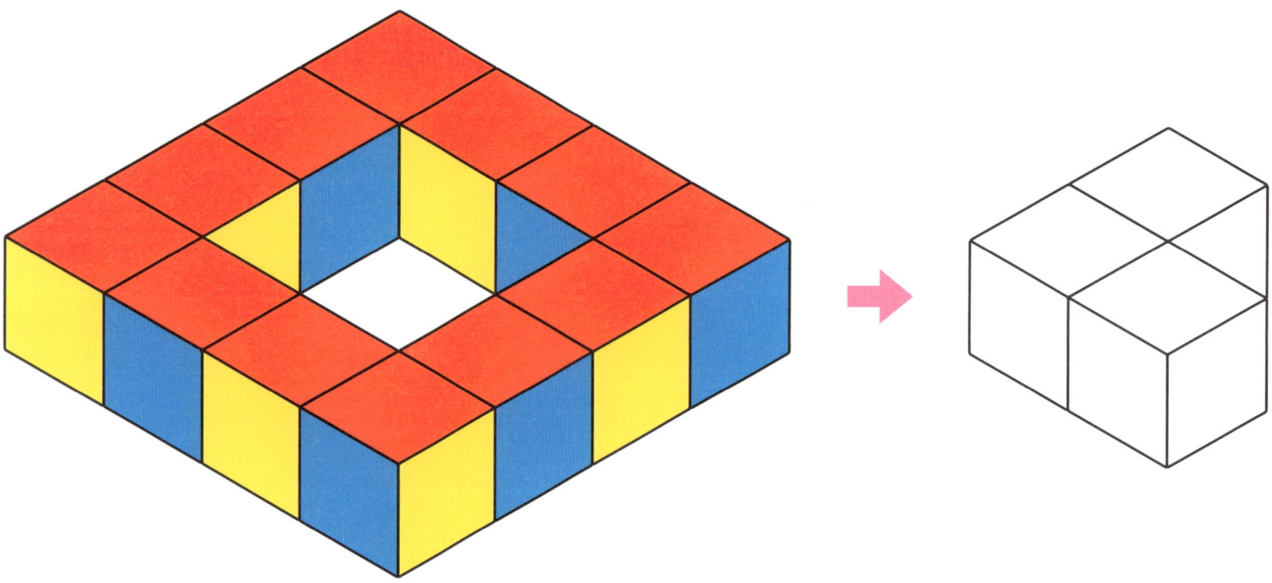

왼쪽 모양을 똑같이 4개로 자르면 오른쪽 모양이 됩니다. 어떤 모양으로 자르면 되는지 색칠해 보세요.

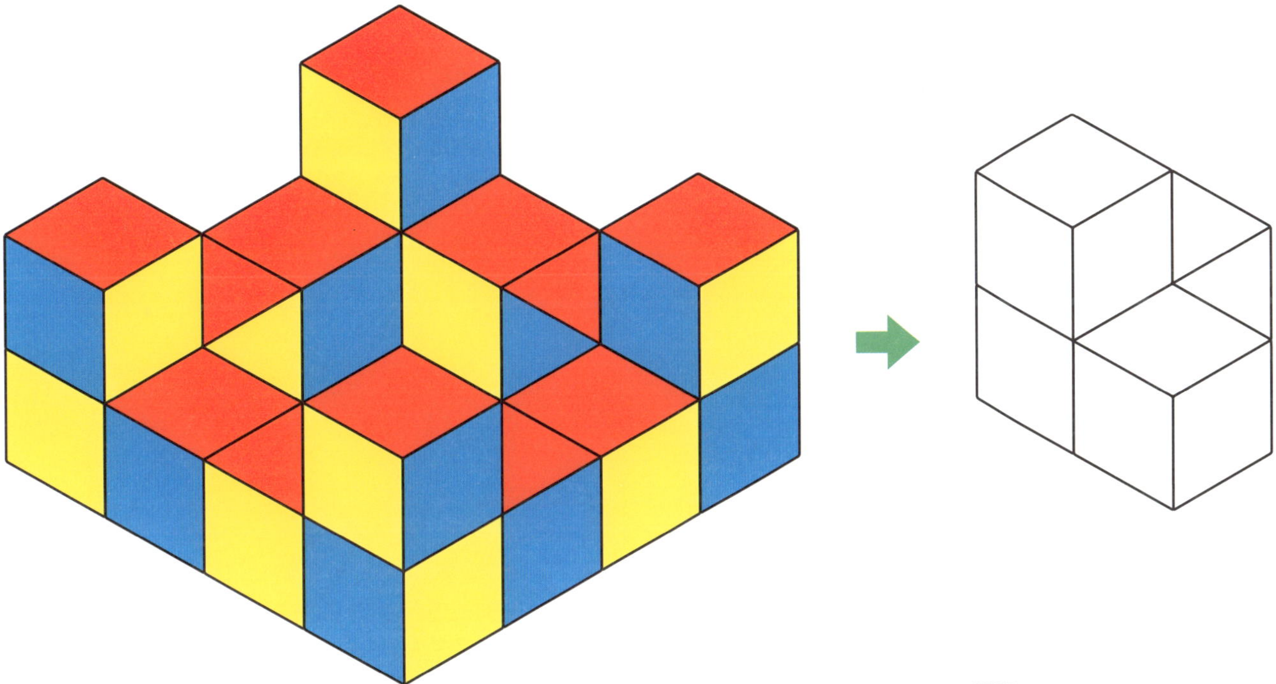

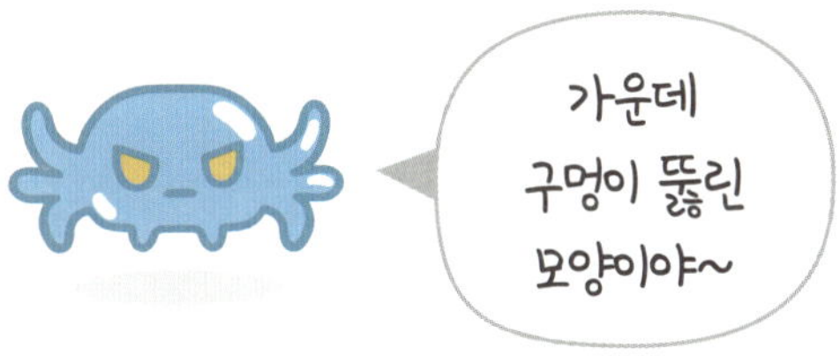

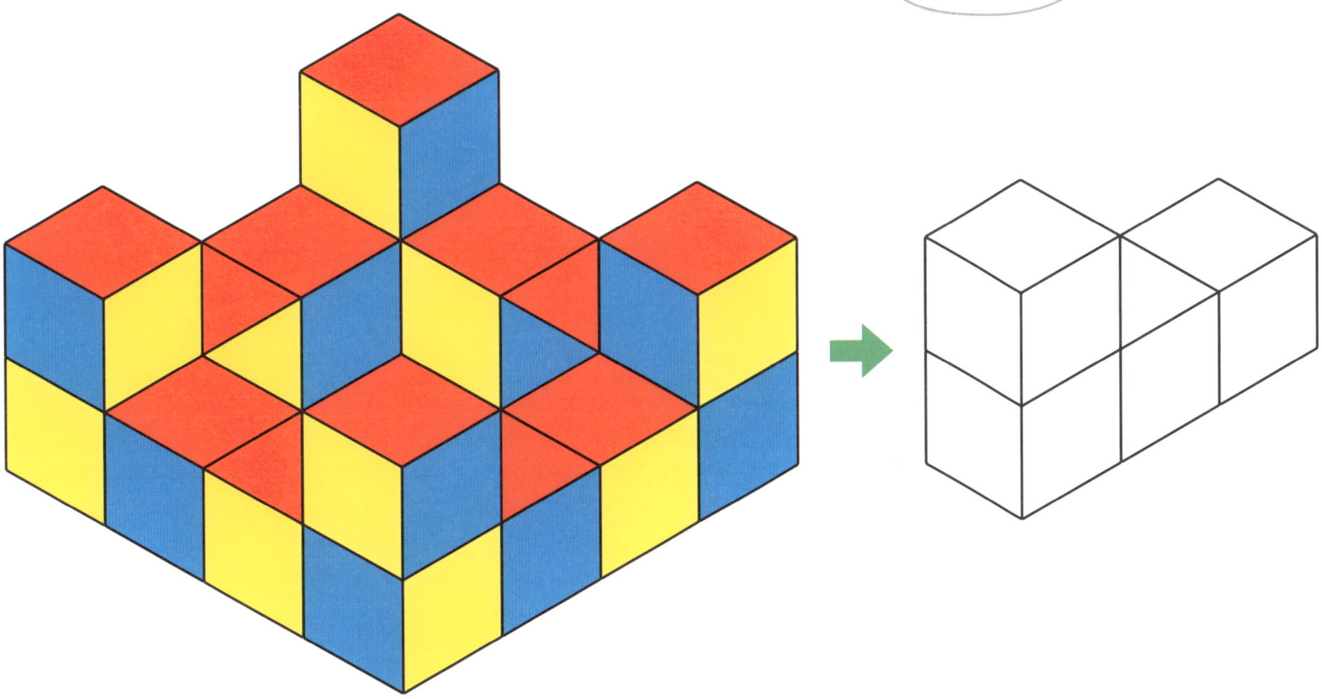

8. 조건에 맞는 모양 2

다음 조건에 맞도록 모양을 만들고 색칠해 보세요.

조건

1. 10개의 큐브를 사용합니다.
2. 위에서 보이는 색은 모두 노란색입니다.
3. 앞에서 보았을 때 모두 같은 색입니다.
4. 옆에서 보았을 때 모두 같은 색입니다.

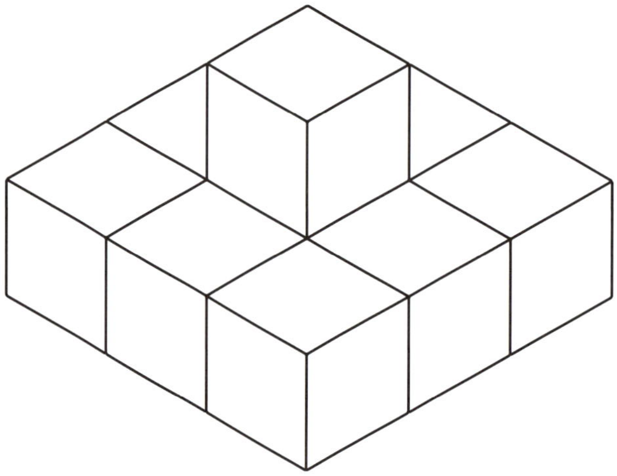

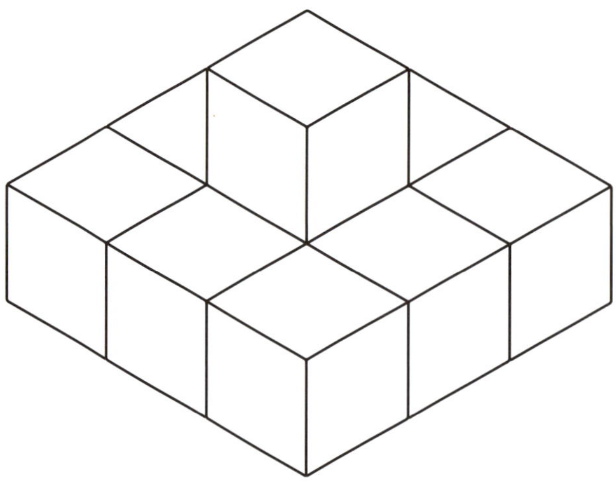

다음 조건에 맞도록 모양을 만들고 색칠해 보세요.

조건

1. 5개의 큐브를 사용합니다.
2. 위에서 보이는 색은 모두 빨간색입니다.
3. 앞에서 보았을 때 모두 같은 색입니다.
4. 옆에서 보았을 때 모두 같은 색입니다.

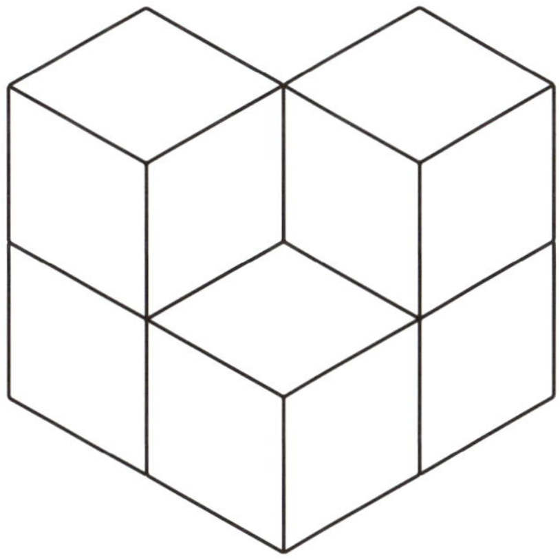

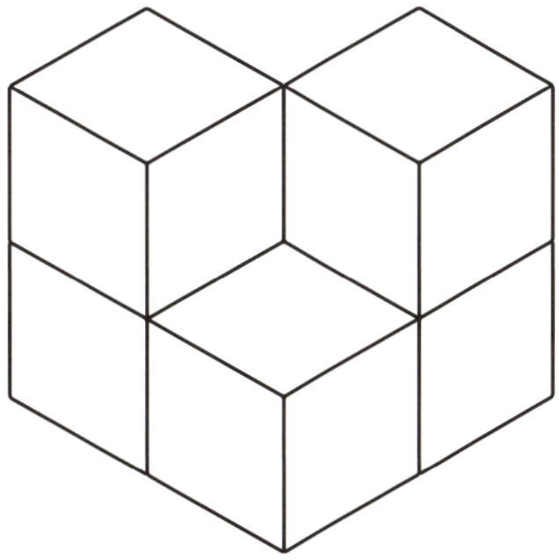

다음 조건에 맞도록 모양을 만들고 색칠해 보세요.

조건

1. 10개의 큐브를 사용합니다.
2. 가 위치에 올 수 있는 모양은  입니다.
3. 바닥면 색은 모두 노란색입니다.
4. 면과 면이 만날 때, 같은 색끼리만 만날 수 있습니다.

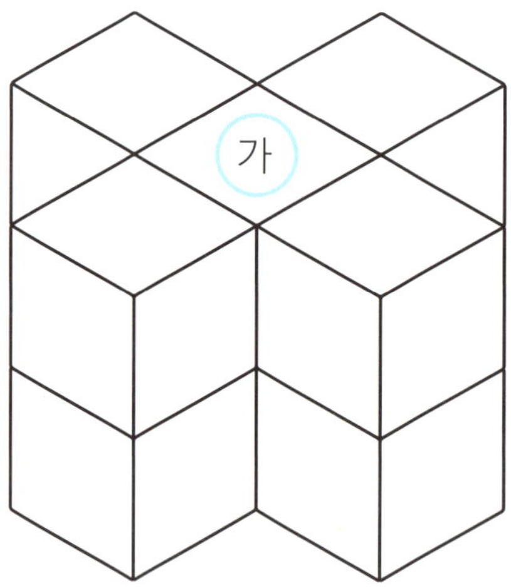

다음 조건에 맞도록 모양을 만들고 색칠해 보세요.

조건

1. 8개의 큐브를 사용합니다.
2. 가 위치에 올 수 있는 모양은  입니다.
3. 바닥면 색은 모두 노란색입니다.
4. 면과 면이 만날 때, 빨간색은 파란색만 만나고, 노란색은 노란색만 만납니다.

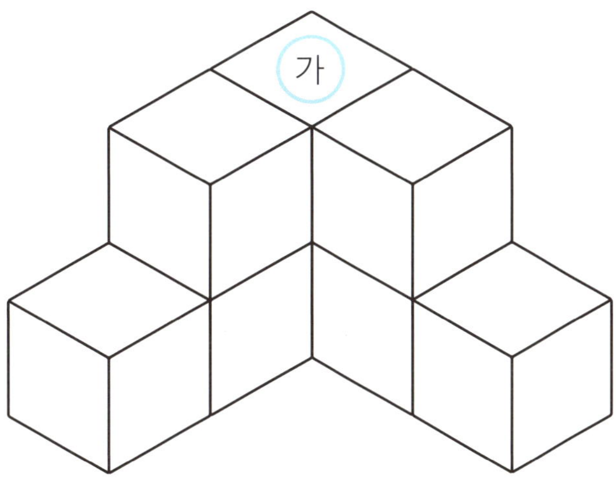

다음 모양을 만들고 위, 앞, 옆에서 본 모양을 색칠해 보세요.

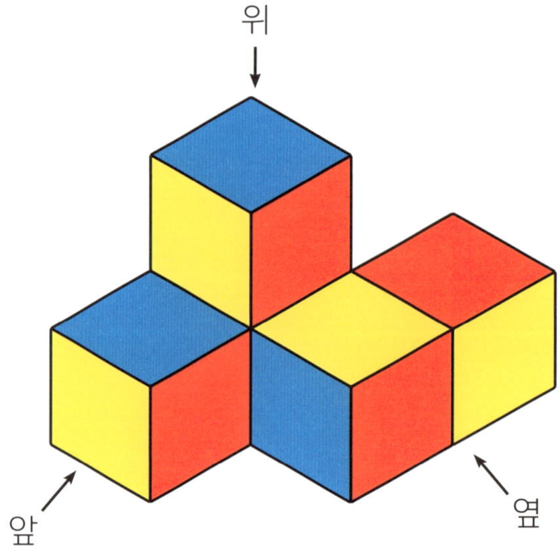

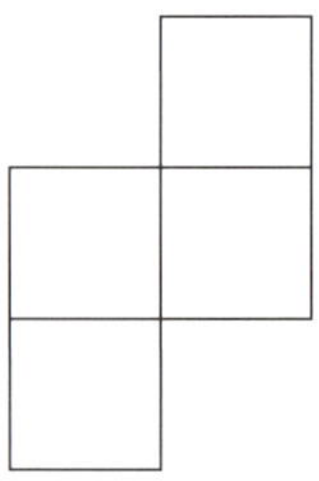
위에서 본 모양

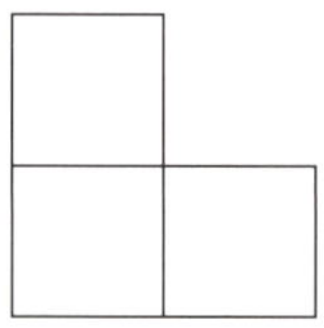
앞에서 본 모양

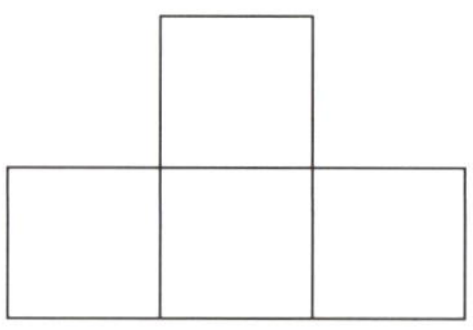
옆에서 본 모양

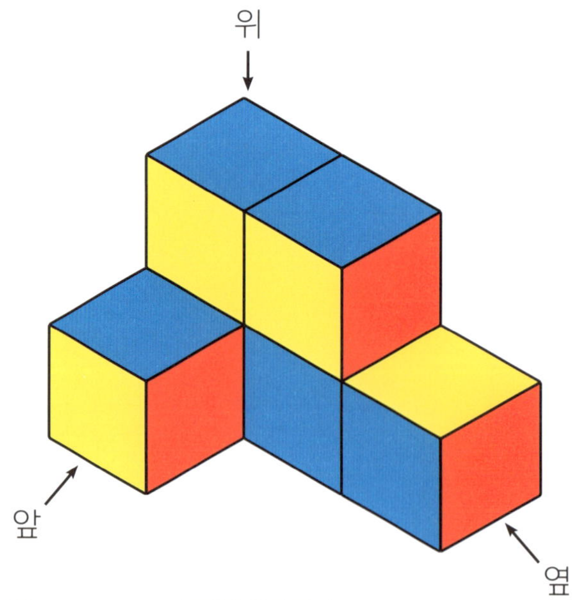

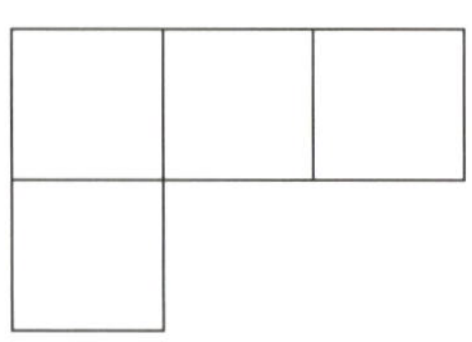
위에서 본 모양

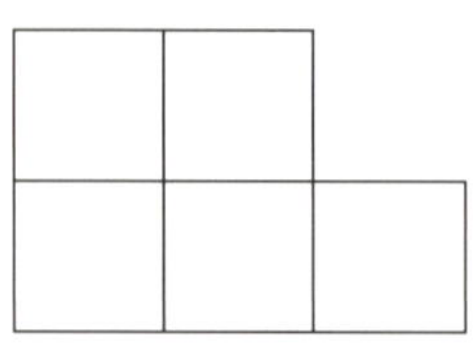
앞에서 본 모양

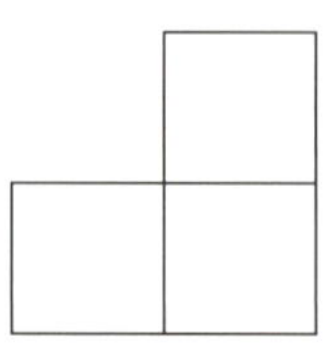
옆에서 본 모양

다음 모양을 만들고 위, 앞, 옆에서 본 모양을 색칠해 보세요.

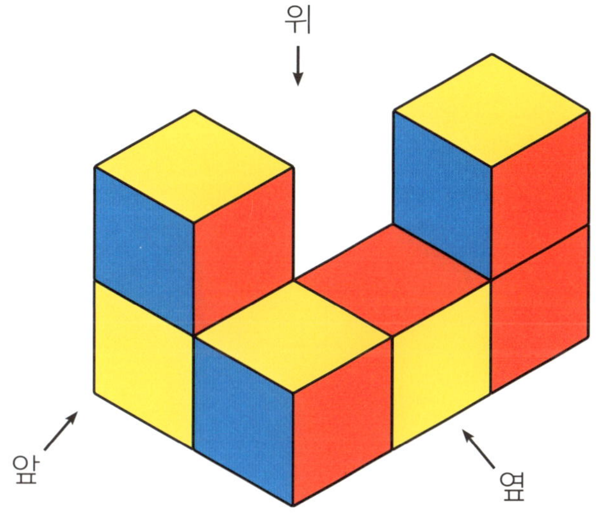

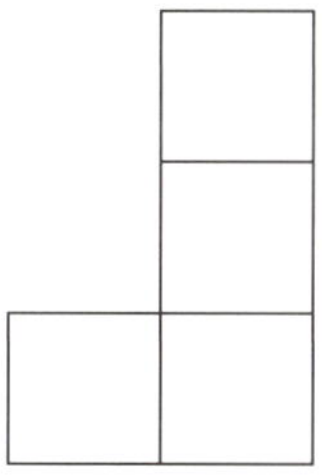
위에서 본 모양

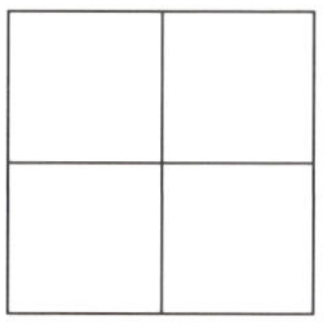
앞에서 본 모양

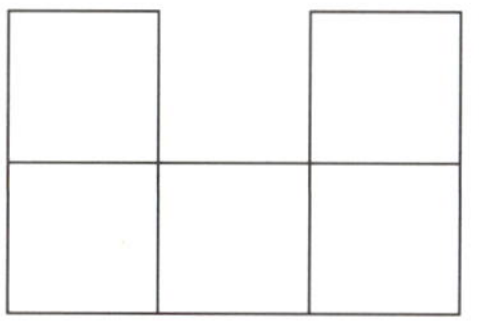
옆에서 본 모양

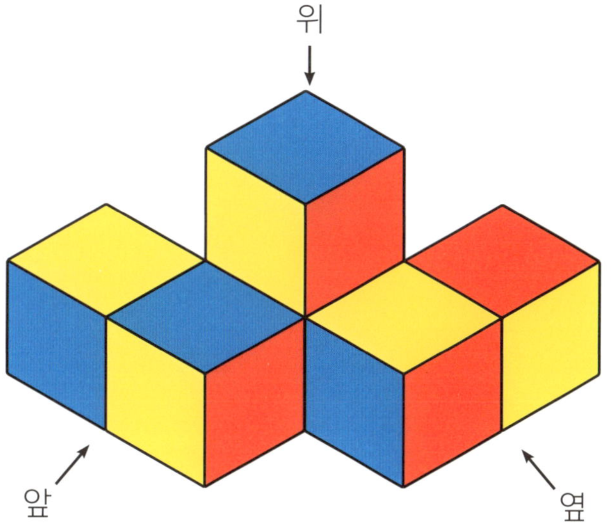

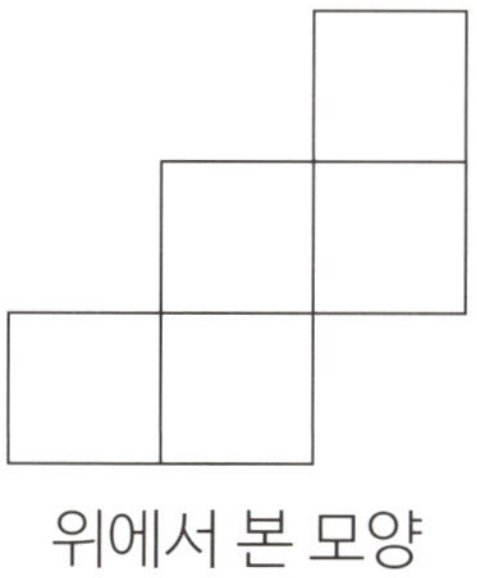
위에서 본 모양

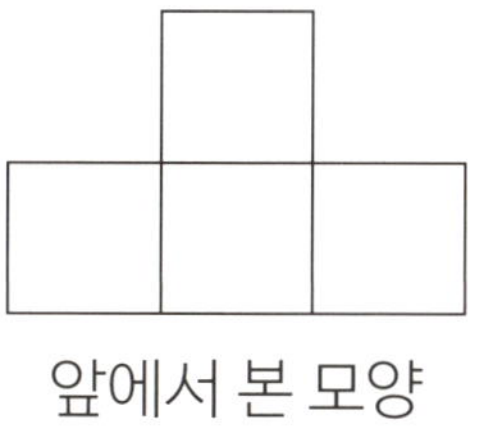
앞에서 본 모양

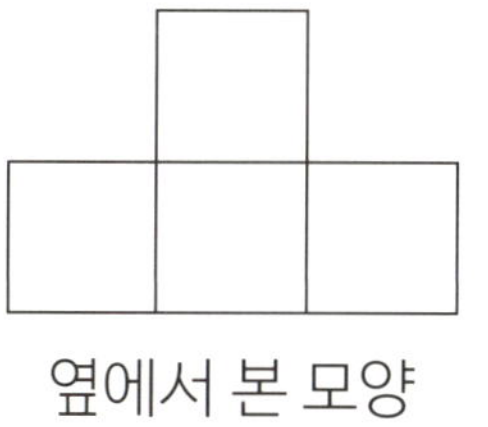
옆에서 본 모양

다음 입체 모양을 큐브 몇 개로 만들었는지 세어보세요.

보기

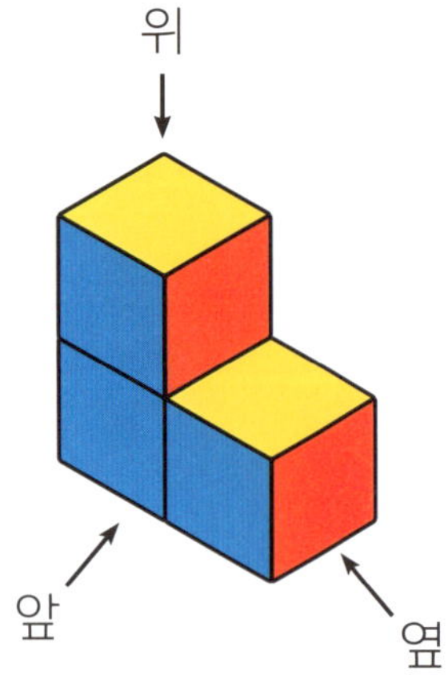

〈위에서 본 모양〉

2	1

〈큐브의 개수〉

3개

1)

〈위에서 본 모양〉

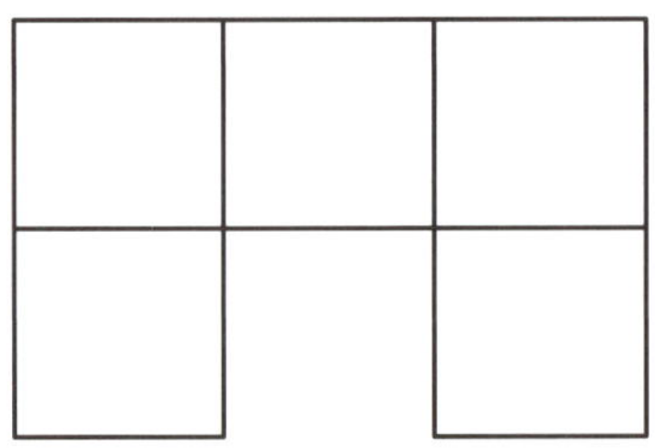

〈큐브의 개수〉

2)

〈위에서 본 모양〉

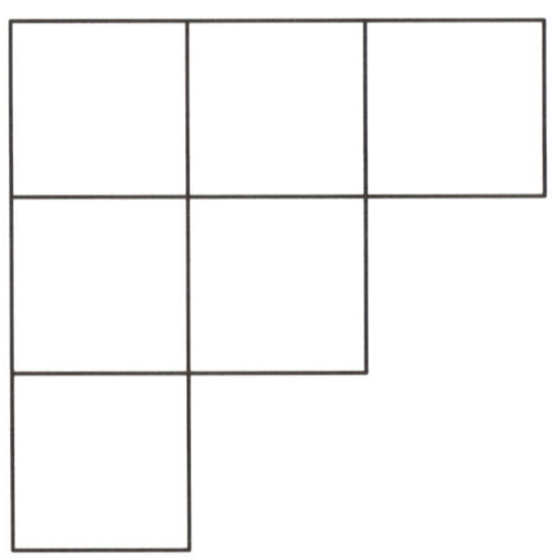

〈큐브의 개수〉

3)

〈위에서 본 모양〉

〈큐브의 개수〉

4)

〈위에서 본 모양〉

〈큐브의 개수〉

5)

〈위에서 본 모양〉

〈큐브의 개수〉

위, 앞, 옆에서 본 모양을 보고, 알맞은 입체 모양을 찾아보세요.

1)

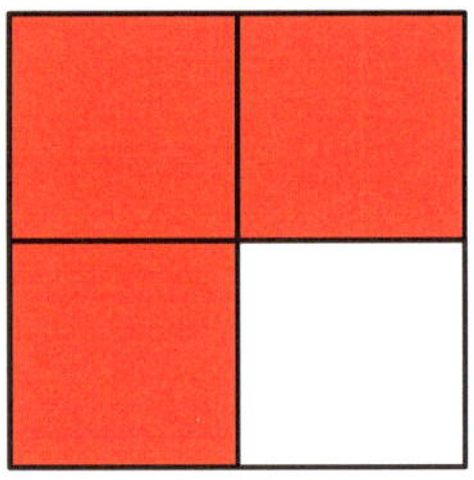
위에서 본 모양

앞에서 본 모양

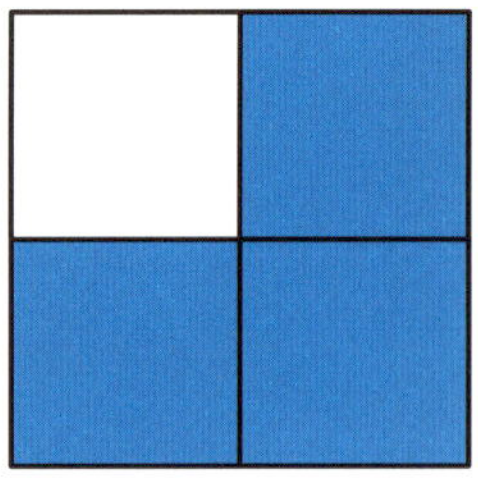
옆에서 본 모양

2)

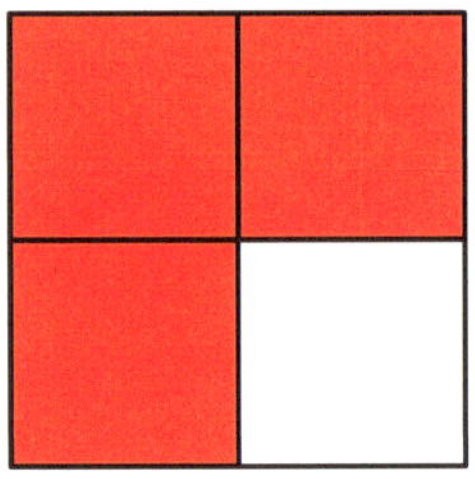
위에서 본 모양

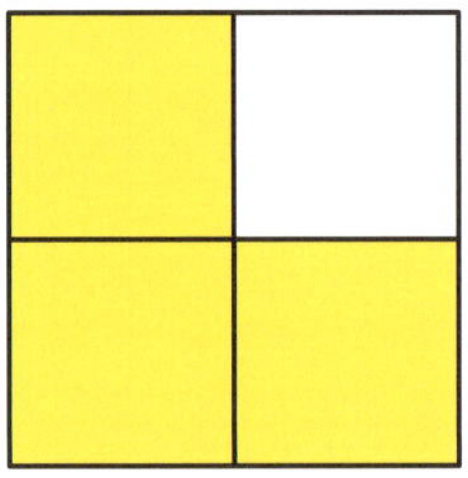
앞에서 본 모양

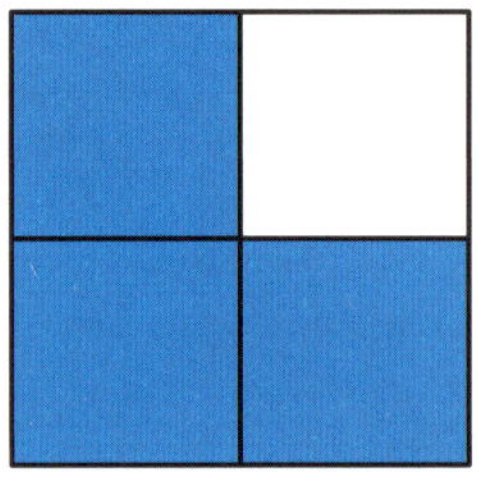
옆에서 본 모양

3)

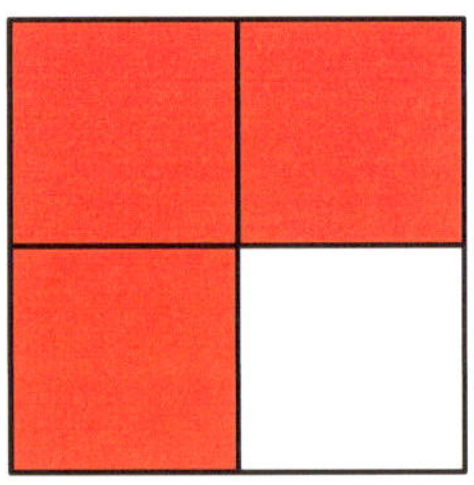
위에서 본 모양

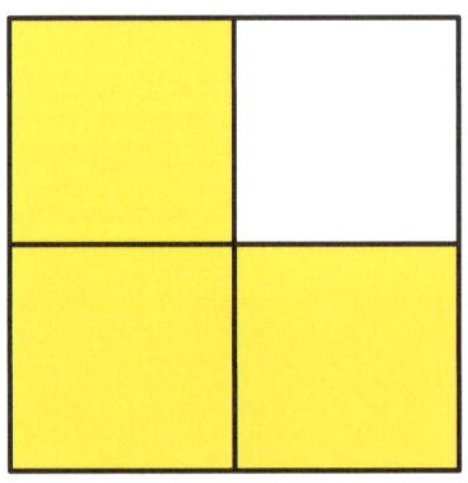
앞에서 본 모양

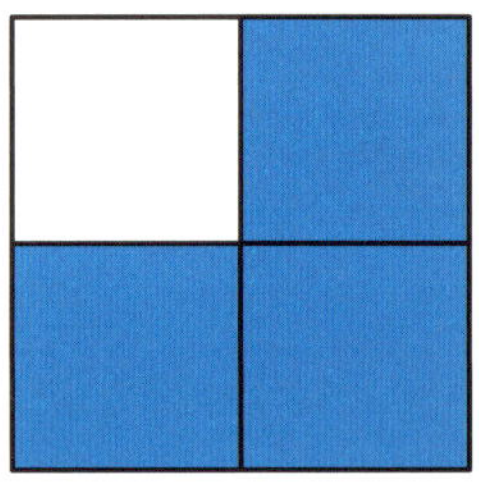
옆에서 본 모양

가

나

다

위, 앞, 옆에서 본 모양을 보고, 알맞은 입체 모양을 찾아보세요.

1)

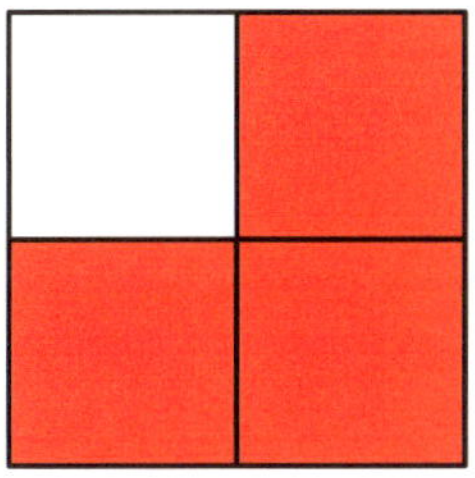
위에서 본 모양

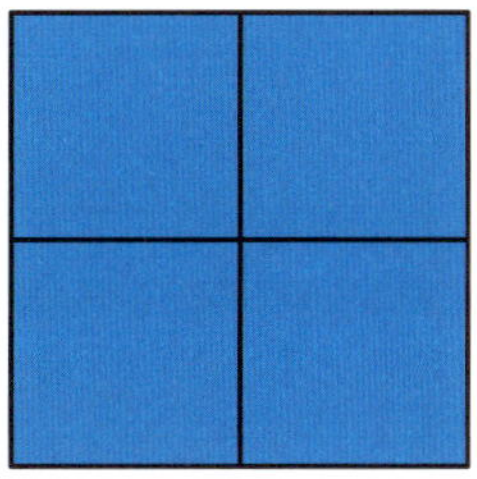
앞에서 본 모양

옆에서 본 모양

----

2)

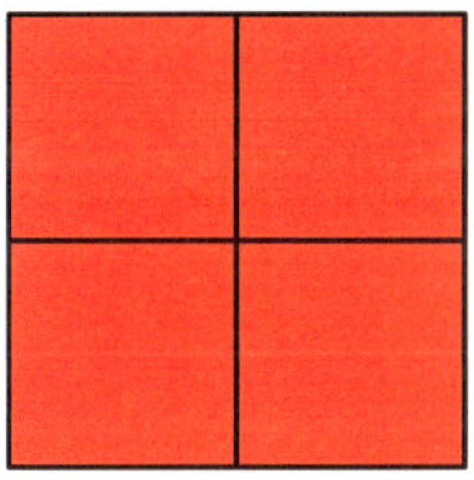
위에서 본 모양

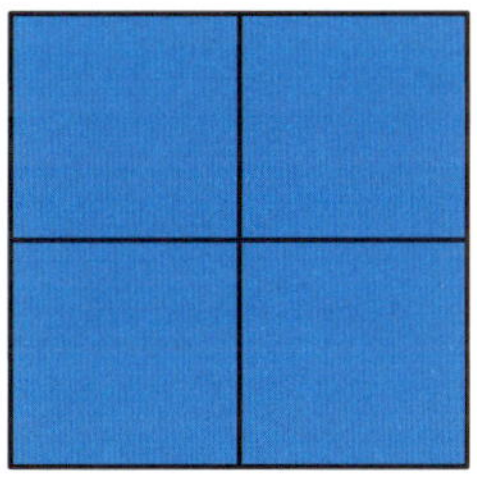
앞에서 본 모양

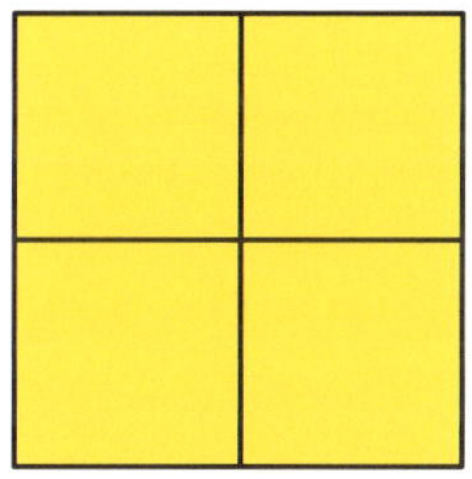
옆에서 본 모양

----

3)

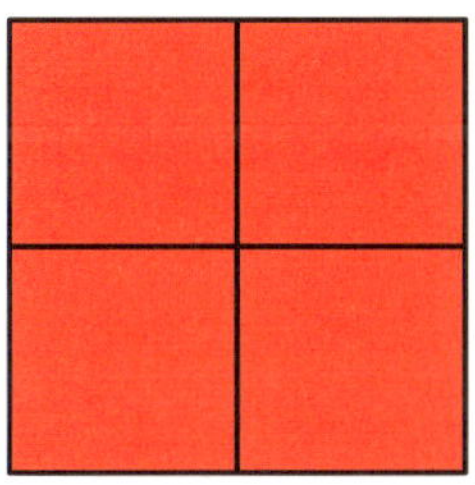
위에서 본 모양

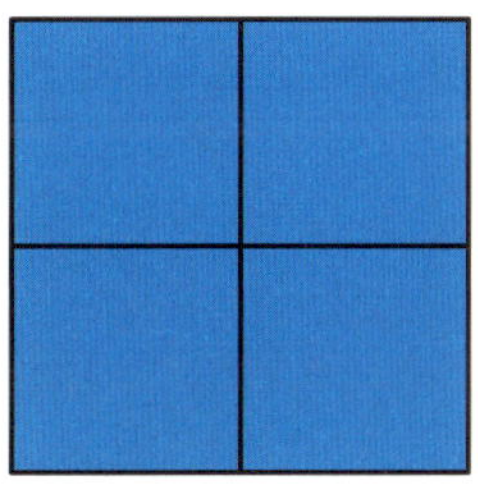
앞에서 본 모양

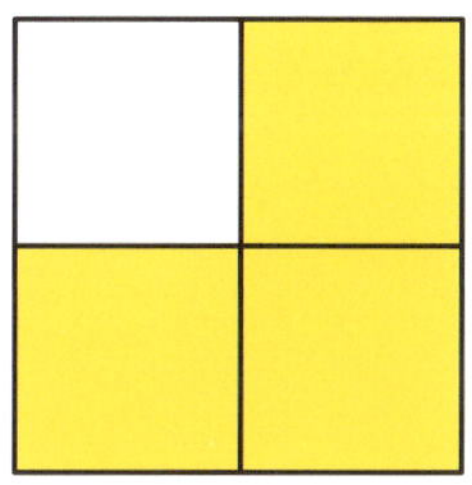
옆에서 본 모양

가

나

다

13. 위, 앞, 옆에서 본 모양 3

도형

위, 앞, 옆에서 본 모양을 보고 3D큐브를 쌓아보세요.

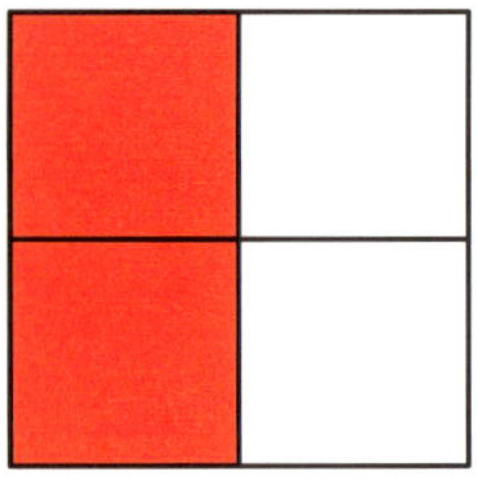
위에서 본 모양

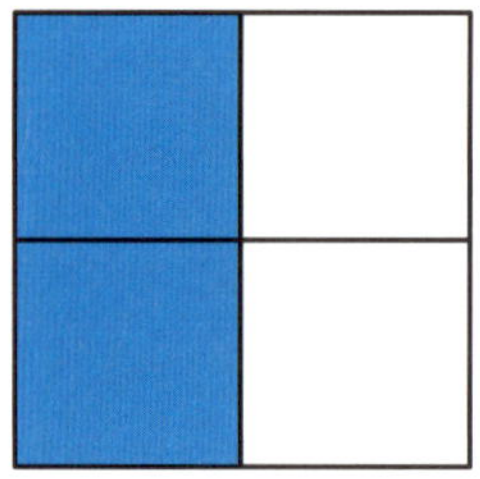
앞에서 본 모양

옆에서 본 모양

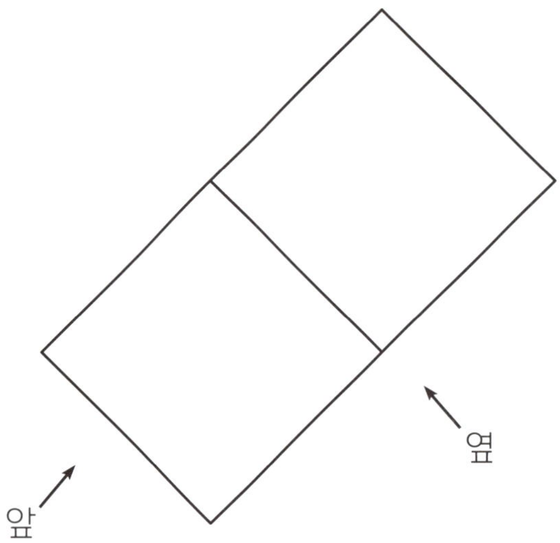

1) 입체 모양은 몇 층인가요?

2) 큐브 몇 개를 사용해서 만들수 있나요?

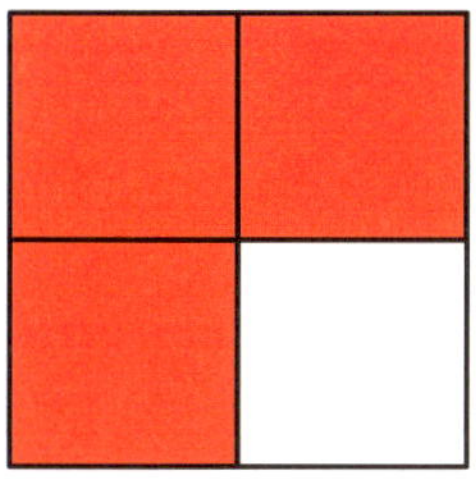

위에서 본 모양

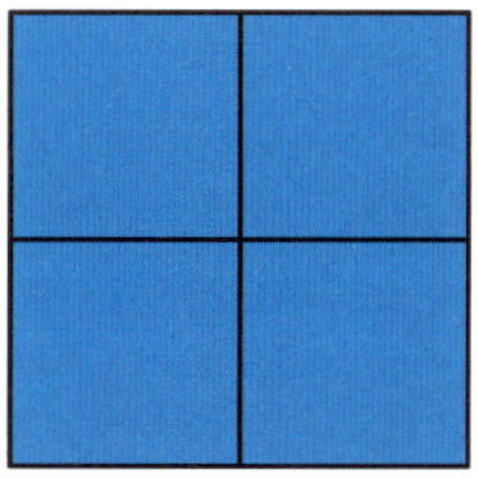

앞에서 본 모양

옆에서 본 모양

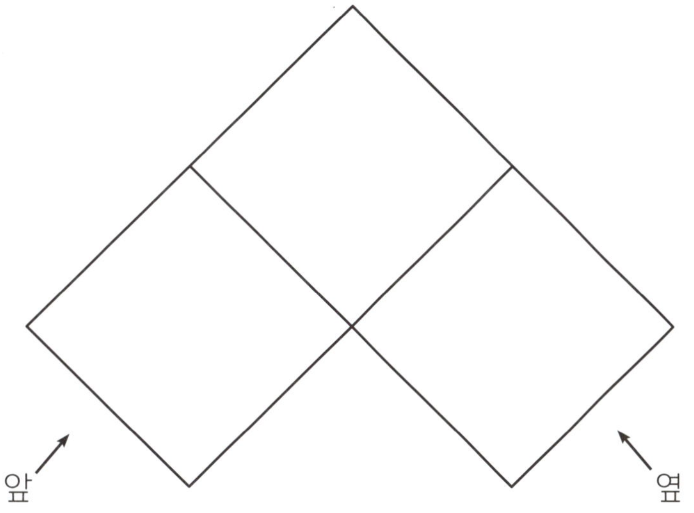

1) 입체 모양은 몇 층인가요?

2) 큐브 6개를 사용해서 만들어 보세요.

3) 큐브 5개를 사용해서 만들어 보세요.

14. 위, 앞, 옆에서 본 모양 4

위, 앞, 옆에서 본 모양을 보고 3D큐브를 쌓아보세요.

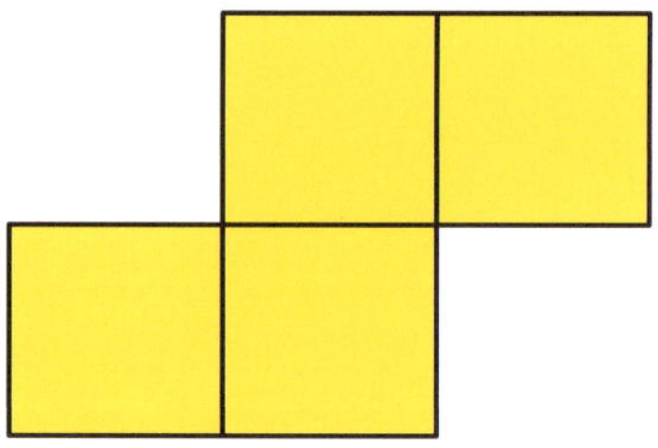

위에서 본 모양

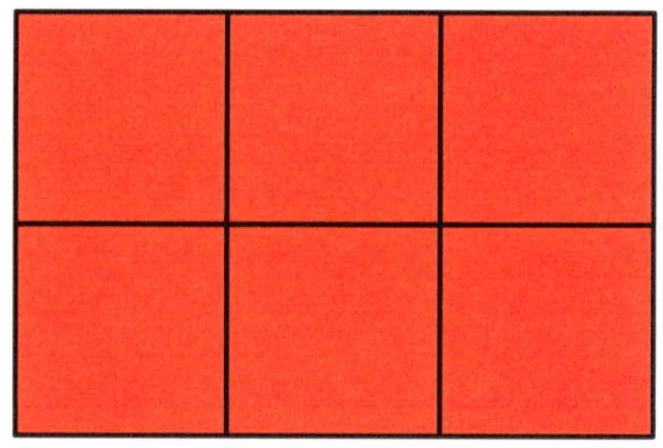

앞에서 본 모양

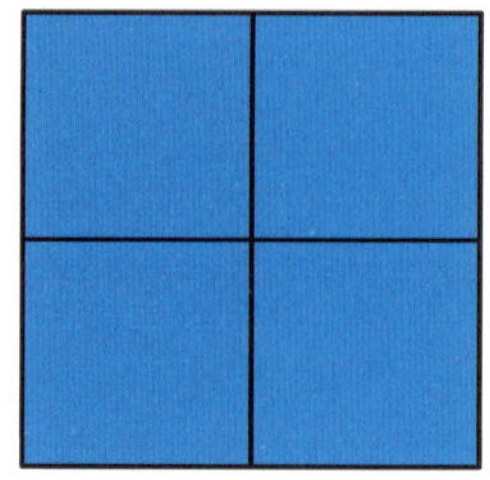

옆에서 본 모양

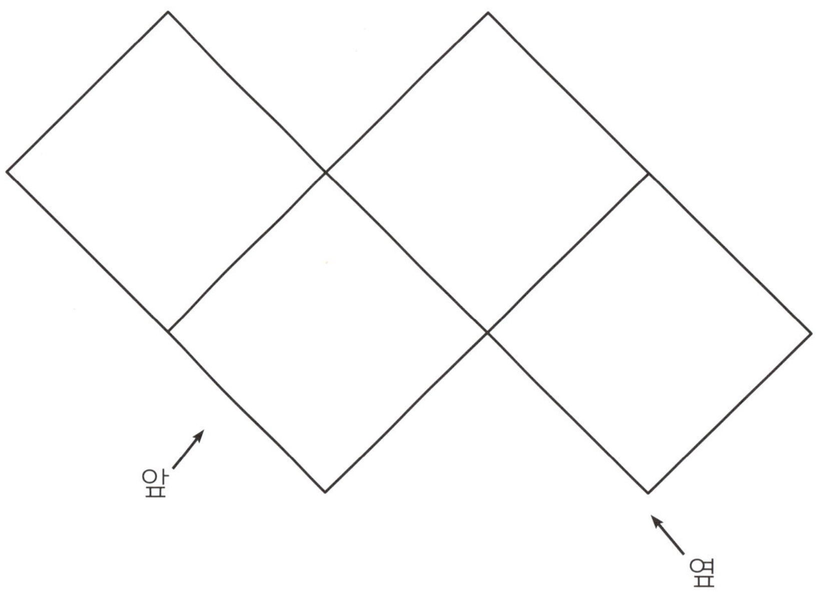

1) 3D큐브 8개로 만들어 보세요.

2) 1)에서 만든 모양에서 1개를 덜어내도 위, 앞, 옆에서 본 모양에 변함이 없다고 합니다.
1개를 찾아보세요.

위에서 본 모양

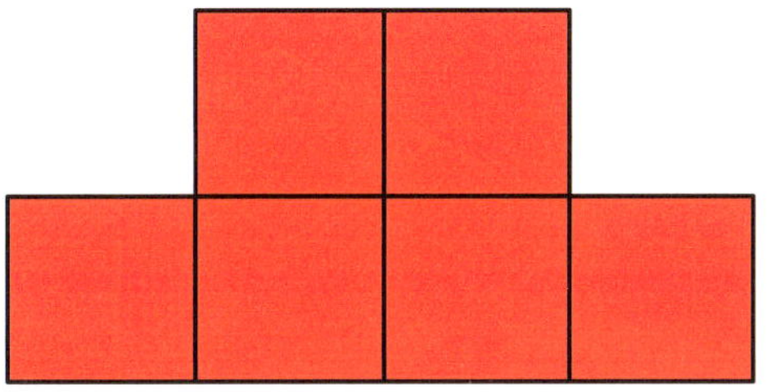

앞에서 본 모양

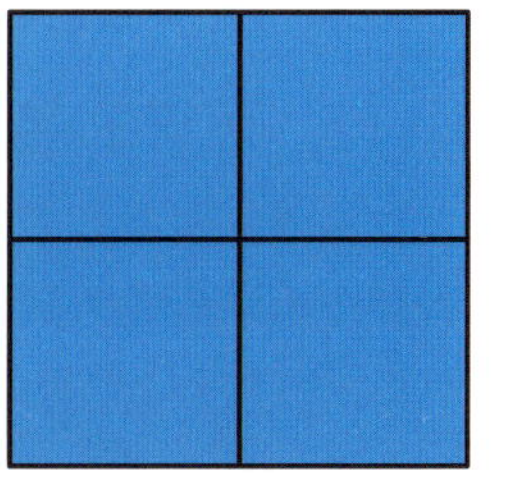

옆에서 본 모양

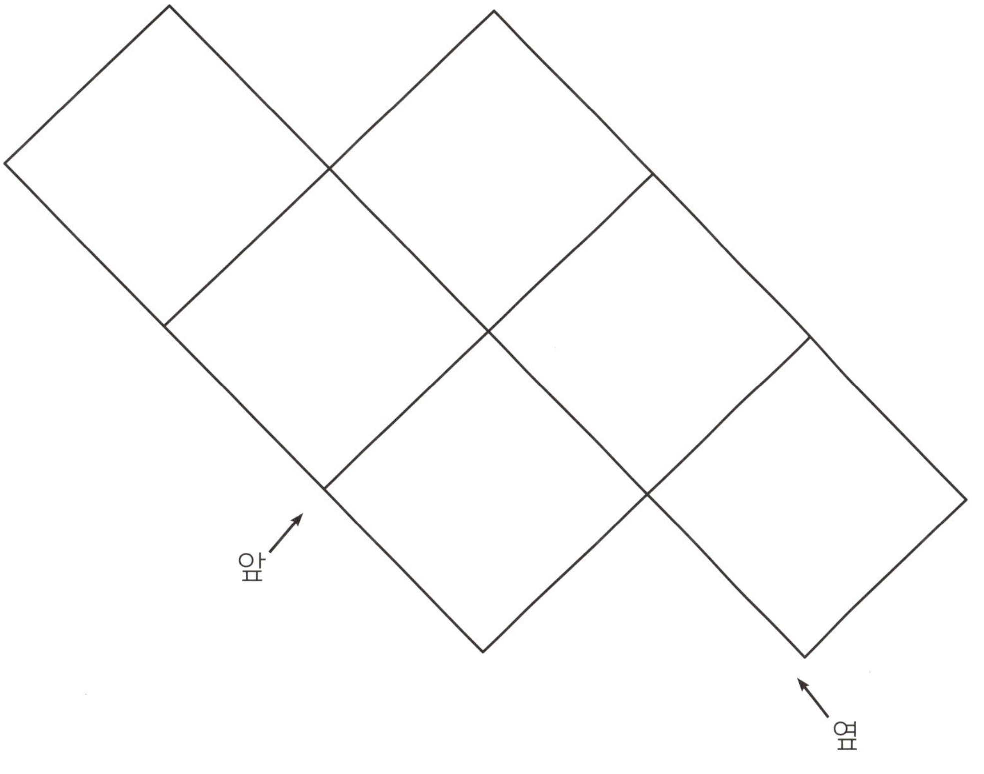

1) 3D큐브 10개로 만들어 보세요.

2) 1)에서 만든 모양에서 2개를 덜어내도 위, 앞, 옆에서 본 모양에 변함이 없다고 합니다.
2개를 찾아보세요.

15. 3면이 보이는 큐브

다음 입체 모양을 3D큐브 10개로 만들었습니다. 주어진 물음에 답하세요.

1) 위의 모양에서 3면이 보이는 큐브는 몇 개인가요?

2) 위의 모양에서 큐브 2개를 덜어내면 3면이 보이는 큐브가 5개가 됩니다.
어떤 큐브를 덜어낼지 ○하세요.

다음 입체 모양을 3D큐브 12개로 만들었습니다. 주어진 물음에 답하세요.

1) 위의 모양에서 몇 개를 덜어내면 3면이 보이는 큐브가 5개가 된다고 합니다.
어떤 큐브를 덜어낼지 ○하세요.

2) 위의 입체 모양과 바닥면의 모양은 같고, 3D큐브 10개를 사용해서 3면이 보이는 큐브가 6개가 되도록 만들어 보세요.

16. 큐브 스도쿠

가로줄과 세로줄에 서로 다른 색이 오도록 놓고 색칠해 보세요. 이때, 옆에서 본 모양과 앞에서 본 모양도 서로 다른 색이 와야 합니다.

가로줄과 세로줄에 서로 다른 색이 오도록 놓고 색칠해 보세요. 이때, 옆에서 본 모양과 앞에서 본 모양도 서로 다른 색이 와야 합니다.

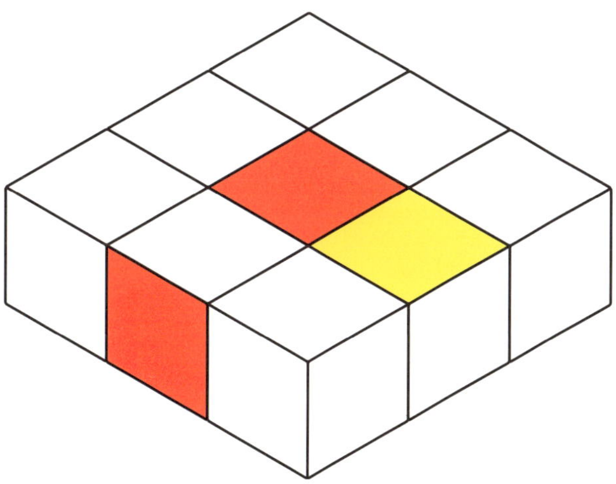

17. 겉면의 색의 개수

그림과 같이 3D큐브를 쌓아보고 겉면에 보이는 색의 개수를 세어보세요. 이때, 같은 색 면끼리 붙여야 합니다.

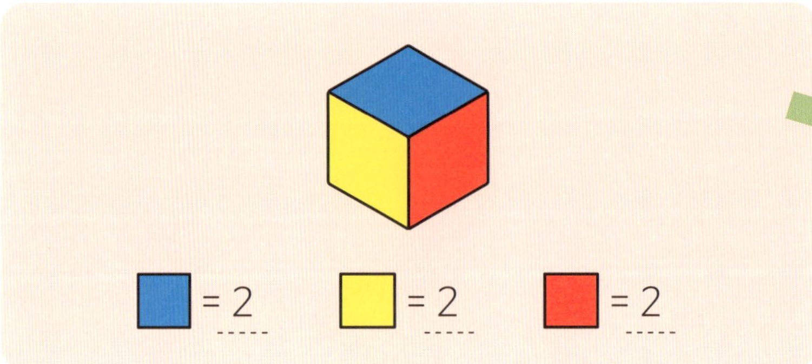

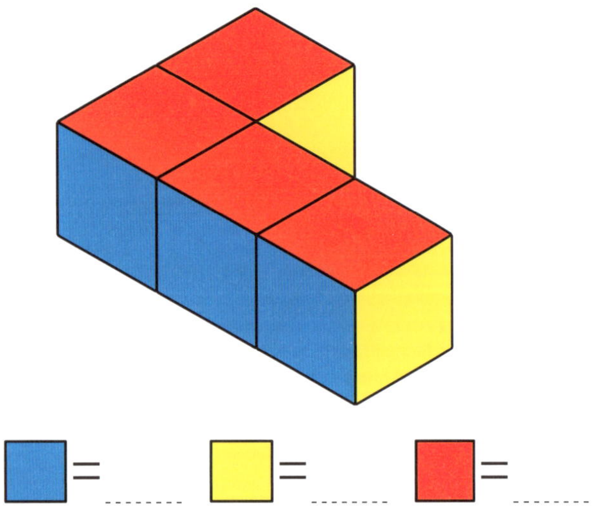

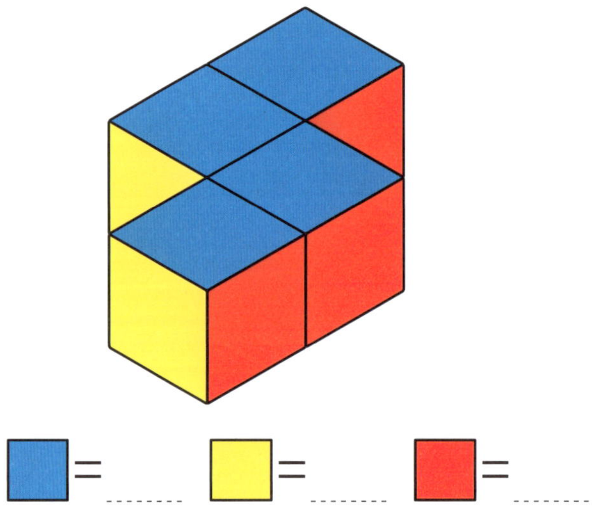

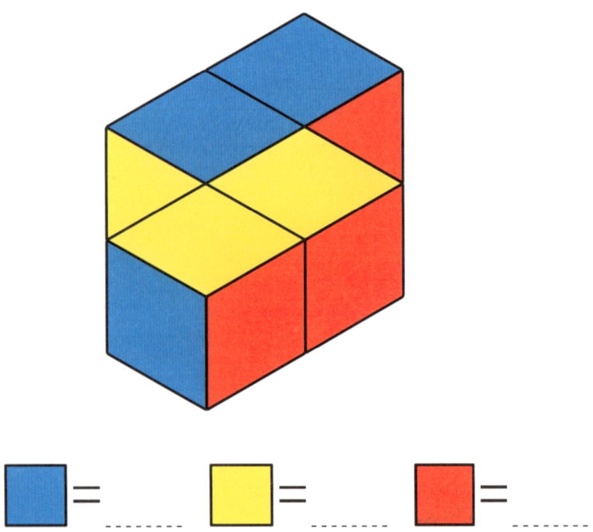

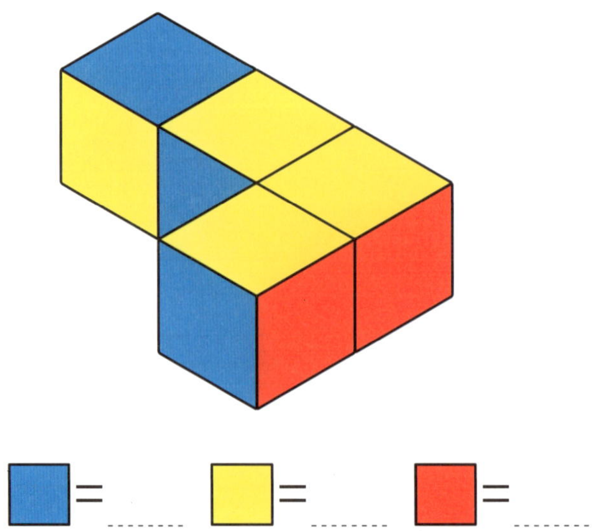

3D큐브를 쌓아보고 겉면에 보이는 색의 개수를 세어보세요. 이때, 같은 색 면끼리 붙여야 합니다.

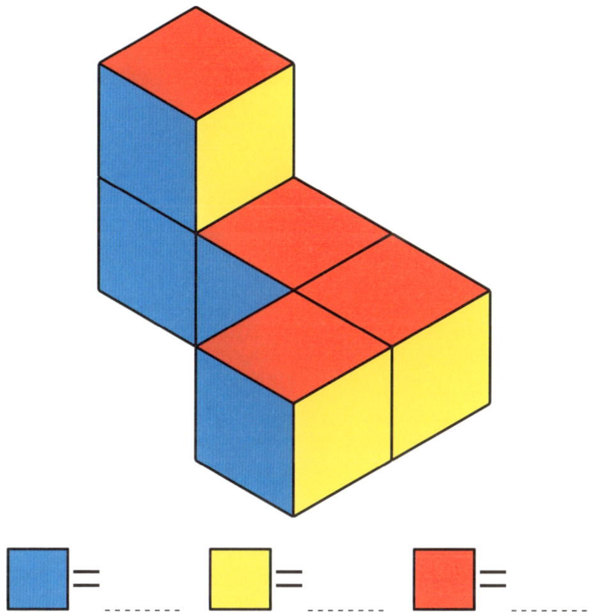

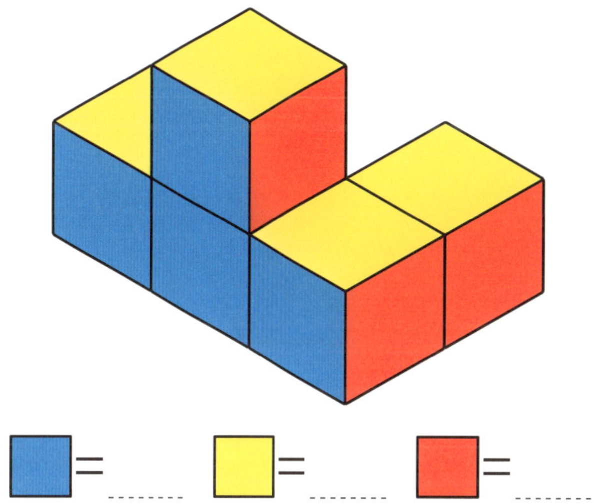

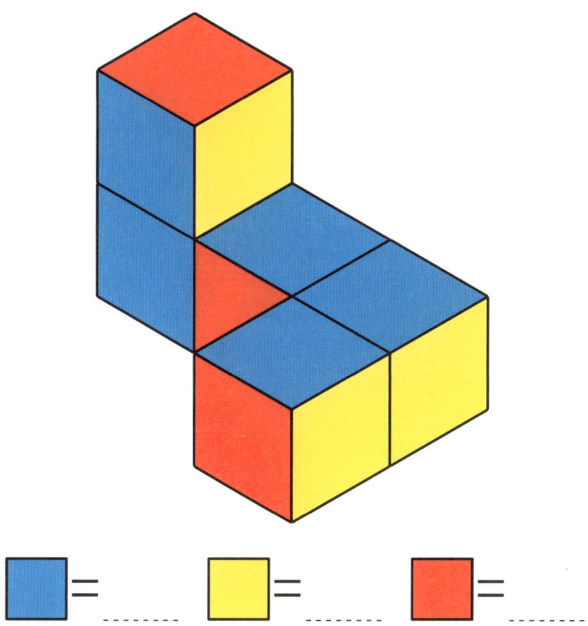

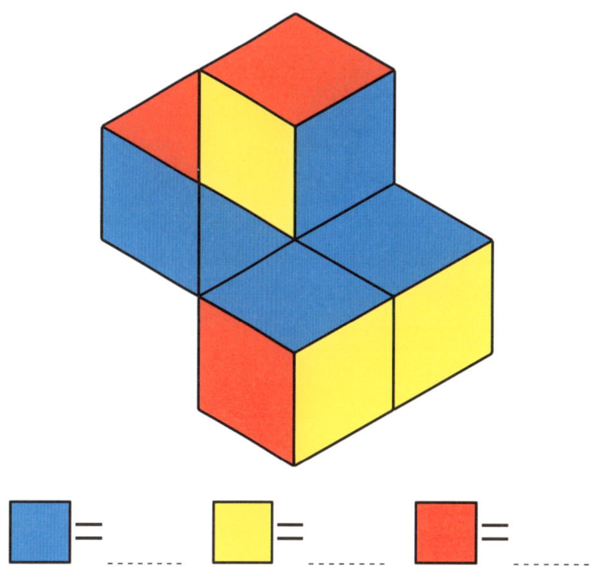

18. 색배열퍼즐 1

다음 보기와 같이 오른쪽과 아래쪽의 숫자는 각각 가로줄과 세로줄에 있는 큐브 윗면의 색의 개수를 나타냅니다. 그림 위에 주어진 색의 수만큼 3D큐브를 놓아보고 색칠해 보세요.

보기

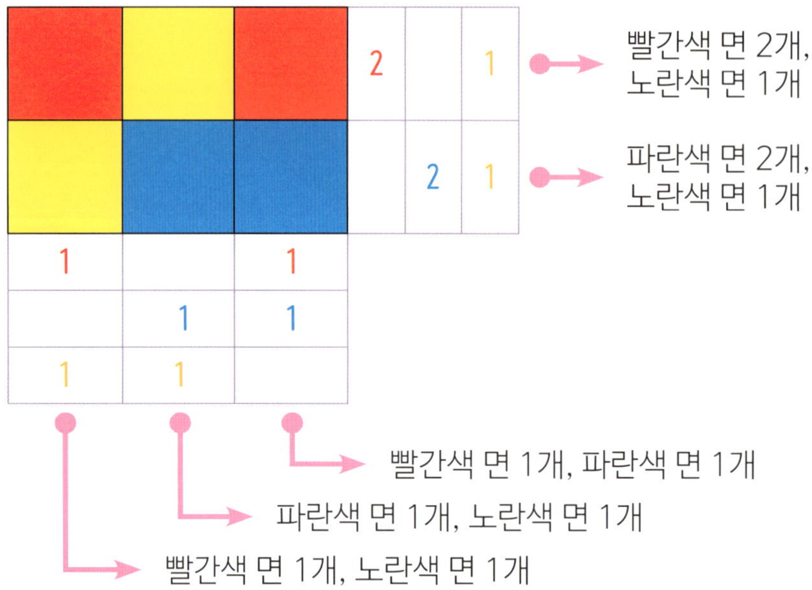

• 숫자의 순서는 색의 위치가 아니고, 빨간색, 파란색, 노란색 면의 개수를 나타낸 것입니다.

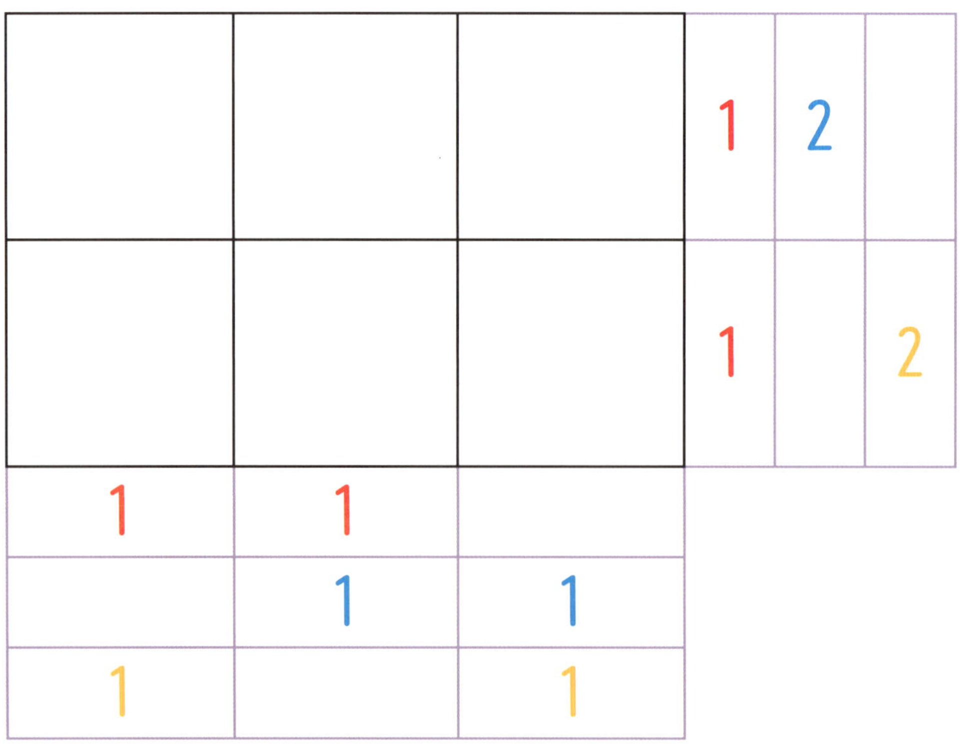

그림 위에 주어진 색의 수만큼 3D큐브를 놓아보고 색칠해 보세요.

				3	
			1	1	1
			1		2
1	1				
1	1	2			
1	1	1			

그림 위에 주어진 색의 수만큼 3D큐브를 놓아보고 색칠해 보세요.

				2	1
			1	1	1
			1	2	
	1	1			
2	1	2			
1	1				

그림 위에 주어진 색의 수만큼 3D큐브를 놓아보고 색칠해 보세요.

			1	1	1
				3	
			1	1	1
1		1			
1	3	1			
1		1			

그림 위에 주어진 색의 수만큼 3D큐브를 놓아보고 색칠해 보세요.

				1		3
				3		1
				2		2
				3		1
1	3	2	3			
3	1	2	1			

그림 위에 주어진 색의 수만큼 3D큐브를 놓아보고 색칠해 보세요.

				2	2	
				1	1	2
				1	1	2
				1	2	1
2		2	1			
2	2	1	1			
	2	1	2			

정답 제시된 방법 외에 다양한 답이 나올 수 있습니다.

p.6

1. 3D큐브 익히기

도형

그림처럼 윗면에 빨간색, 파란색, 노란색이 오도록 큐브를 놓았을 때 옆면에 어떤 색이 오는지 알아보세요.

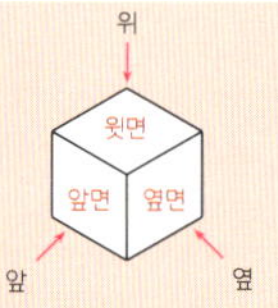

위 방향에서 보았을 때, 보이는 면을 윗면
앞 방향에서 보았을 때, 보이는 면을 앞면
옆 방향에서 보았을 때, 보이는 면을 옆면이라고 약속합니다.

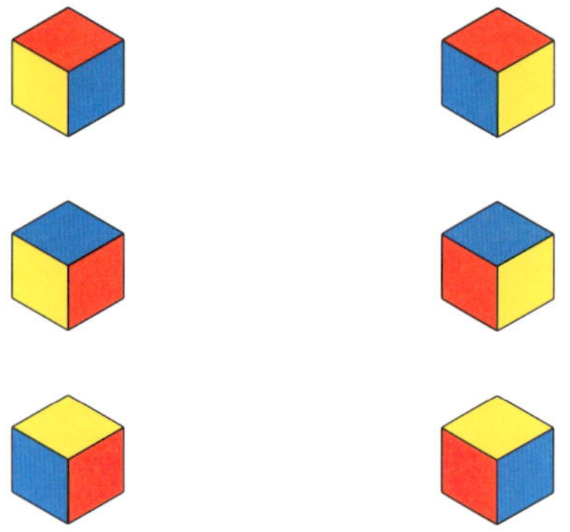

3D큐브에는 몇 가지 색이 있나요? 3가지

p.7

교구탐색

3D큐브의 모양을 다음과 같이 약속합니다. 바닥면 위에 해당 면을 올려놓고 ○안에 알맞은 색을 칠해보세요.

티칭 가이드 3D큐브에서 마주보는 면의 색이 같음을 알 수 있습니다.

p.8

2. 큐브 더하기

도형

보기와 같이 왼쪽 모양에서 큐브 몇 개를 더 붙여서 오른쪽 모양을 만들었습니다. 오른쪽 모양에서 더해진 큐브는 어느 것인지 ○해보세요. (단, 보이지 않는 곳에는 숨겨진 큐브가 없다고 생각합니다.)

보기

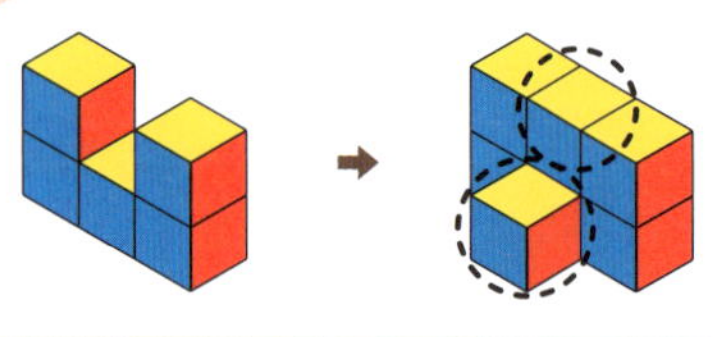

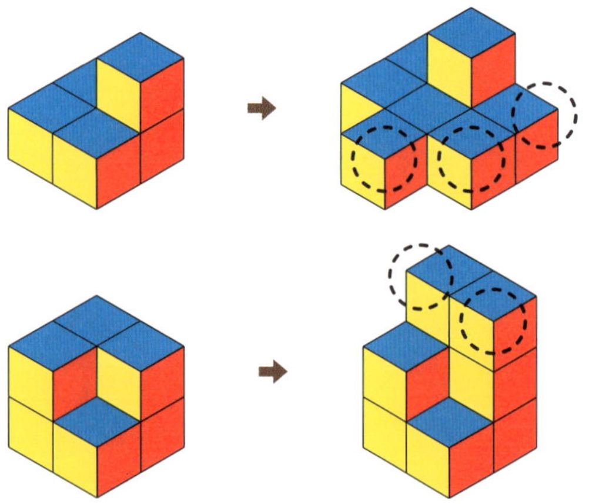

p.9

큐브 더하기

보기와 같이 왼쪽 모양에서 큐브 몇 개를 더 붙여서 오른쪽 모양을 만들었습니다. 오른쪽 모양에서 더해진 큐브는 어느 것인지 ○해보세요. (단, 보이지 않는 곳에는 숨겨진 큐브가 없다고 생각합니다.)

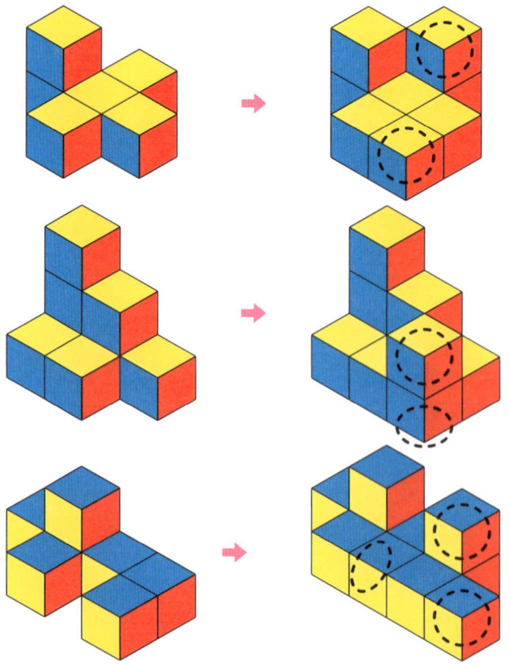

제시된 방법 외에 다양한 답이 나올 수 있습니다.

p.10

3. 큐브 빼기

도형

보기와 같이 왼쪽 모양에서 큐브 몇 개를 빼서 오른쪽 모양을 만들었습니다. 왼쪽 모양에서 없어진 큐브는 어느 것인지 ○해보세요. (단, 보이지 않는 곳에는 숨겨진 큐브가 없다고 생각합니다.)

보기

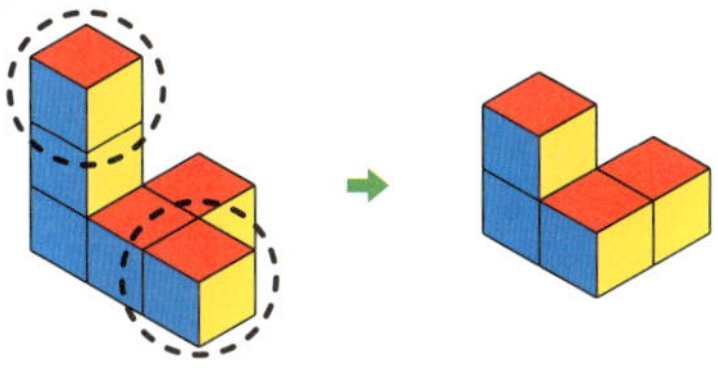

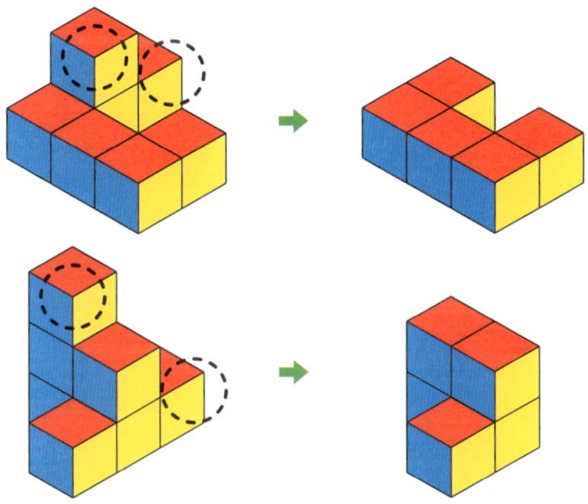

10 CHALLENGE STEP 2

p.11

큐브 빼기

보기와 같이 왼쪽 모양에서 큐브 몇 개를 빼서 오른쪽 모양을 만들었습니다. 왼쪽 모양에서 없어진 큐브는 어느 것인지 ○해보세요. (단, 보이지 않는 곳에는 숨겨진 큐브가 없다고 생각합니다.)

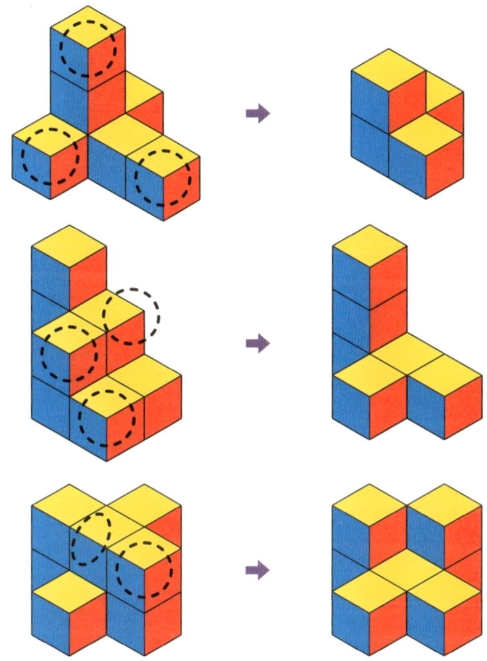

3D큐브 11

p.12

4. 규칙 알기

규칙성

다음 그림을 보고 반복되는 곳을 찾아 ○해보세요.

보기

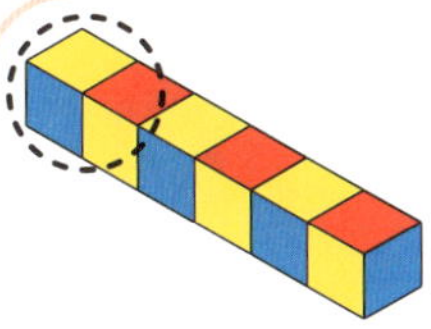

위에서 보았을 때 :
노란색-빨간색이 반복됩니다.
앞에서 보았을 때 :
파란색-노란색이 반복됩니다.

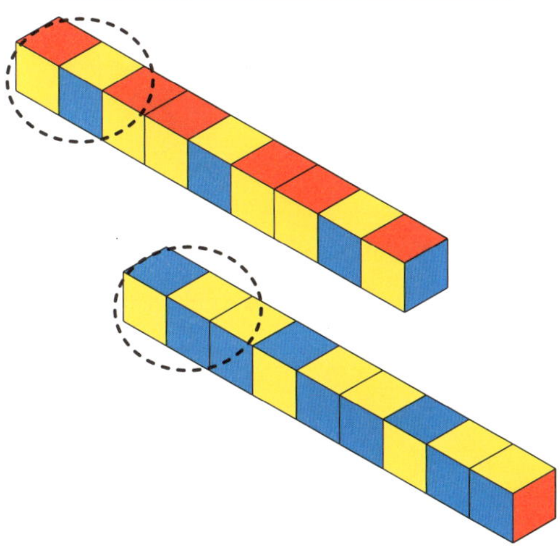

12 CHALLENGE STEP 2

p.13

규칙 알기

다음 그림을 보고 반복되는 곳을 찾아 ○해보세요.

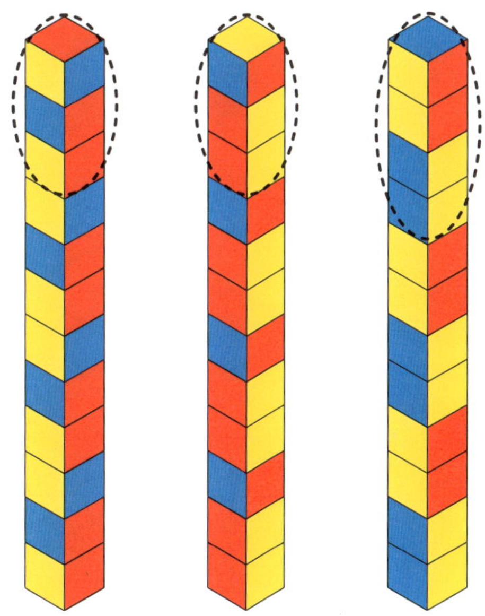

3D큐브 13

정답 제시된 방법 외에 다양한 답이 나올 수 있습니다.

p.14

5. 조건에 맞는 모양 1

규칙성

다음 조건에 맞도록 모양을 만들고 색칠해 보세요.

조건

1. 윗면의 색은 모두 같습니다.
2. 앞면-옆면이 노란색-파란색으로 반복됩니다.

조건

1. 바닥면의 색은 모두 같습니다.
2. 빨간색은 파란색과 만납니다.

14 CHALLENGE STEP 2

p.15

문제해결

다음 조건에 맞도록 모양을 만들고 색칠해 보세요.

조건

1. 윗면의 색은 모두 같습니다.
2. 앞면-옆면이 노란색-파란색으로 반복됩니다.

조건

1. 바닥면 색은 빨간색입니다.
2. 같은 색 면끼리 만납니다.

3D큐브 15

p.16

6. 입체 모양 만들기

도형

주어진 입체 모양 4개로 제시된 모양을 만들고 색칠해 보세요.

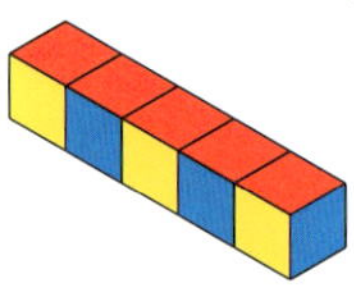

4개

16 CHALLENGE STEP 2

p.17

입체 모양 만들기

주어진 입체 모양 4개로 제시된 모양을 만들고 색칠해 보세요.

4개

3D큐브 17

p.18

7. 입체 모양 자르기

도형

왼쪽 모양을 똑같이 4개로 자르면 오른쪽 모양이 됩니다. 어떤 모양으로 자르면 되는지 색칠해 보세요.

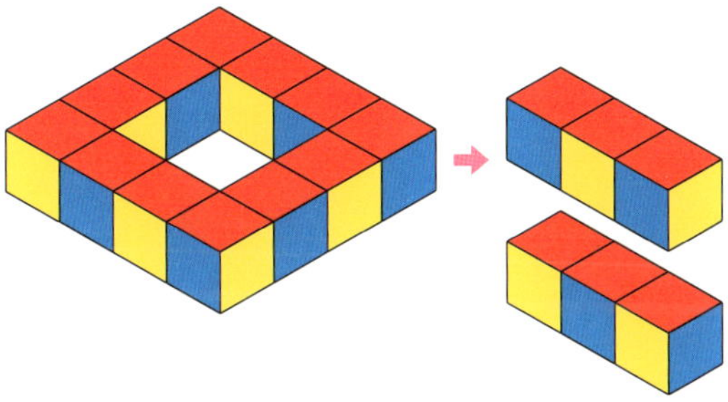

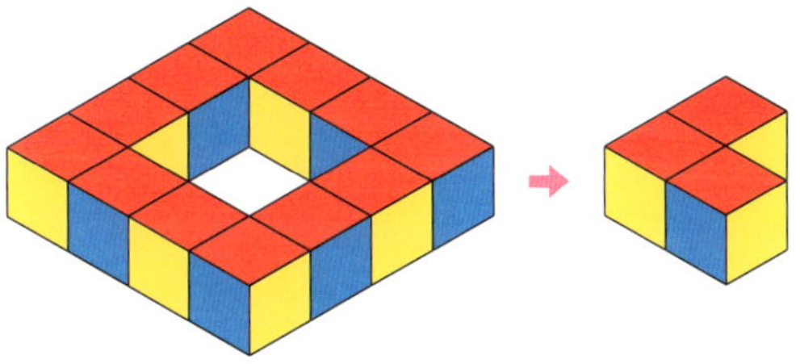

p.19

입체 모양 만들기

왼쪽 모양을 똑같이 4개로 자르면 오른쪽 모양이 됩니다. 어떤 모양으로 자르면 되는지 색칠해 보세요.

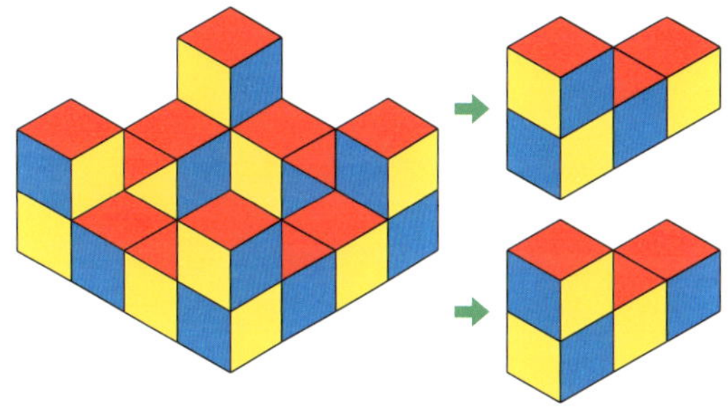

p.20

8. 조건에 맞는 모양 2

규칙성

다음 조건에 맞도록 모양을 만들고 색칠해 보세요.

조건

1. 10개의 큐브를 사용합니다.
2. 위에서 보이는 색은 모두 노란색입니다.
3. 앞에서 보았을 때 모두 같은 색입니다.
4. 옆에서 보았을 때 모두 같은 색입니다.

p.21

문제해결

다음 조건에 맞도록 모양을 만들고 색칠해 보세요.

조건

1. 5개의 큐브를 사용합니다.
2. 위에서 보이는 색은 모두 빨간색입니다.
3. 앞에서 보았을 때 모두 같은 색입니다.
4. 옆에서 보았을 때 모두 같은 색입니다.

정답 제시된 방법 외에 다양한 답이 나올 수 있습니다.

p.22

9. 조건에 맞는 모양 3

규칙성

다음 조건에 맞도록 모양을 만들고 색칠해 보세요.

조건

1. 10개의 큐브를 사용합니다.
2. 가 위치에 올 수 있는 모양은 입니다.
3. 바닥면 색은 모두 노란색입니다.
4. 면과 면이 만날 때, 같은 색끼리만 만날 수 있습니다.

22 CHALLENGE STEP 2

p.23

문제해결

다음 조건에 맞도록 모양을 만들고 색칠해 보세요.

조건

1. 8개의 큐브를 사용합니다.
2. 가 위치에 올 수 있는 모양은 입니다.
3. 바닥면 색은 모두 노란색입니다.
4. 면과 면이 만날 때, 빨간색은 파란색만 만나고, 노란색은 노란색만 만납니다.

3D큐브 23

p.24

10. 위, 앞, 옆에서 본 모양 1

도형

다음 모양을 만들고 위, 앞, 옆에서 본 모양을 색칠해 보세요.

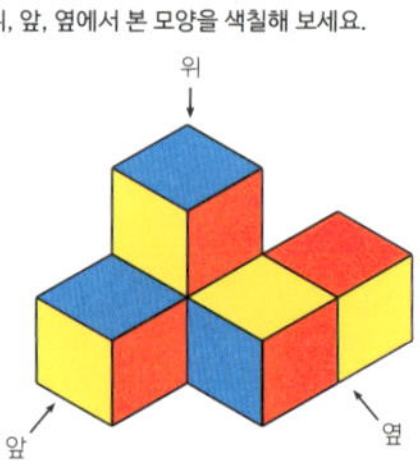

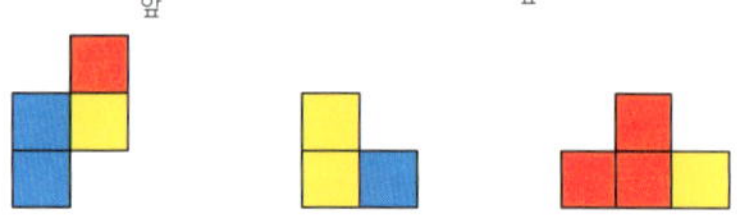

위에서 본 모양 앞에서 본 모양 옆에서 본 모양

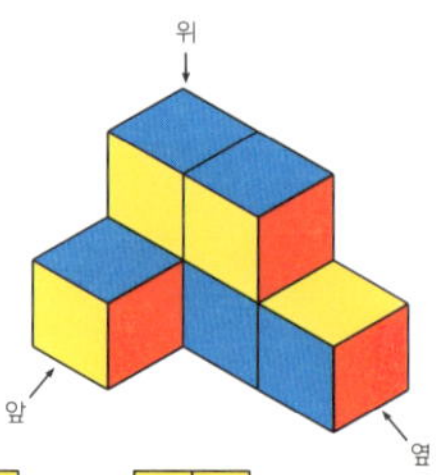

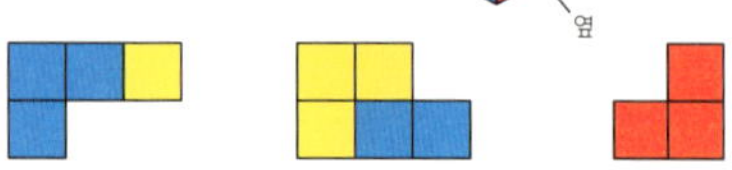

위에서 본 모양 앞에서 본 모양 옆에서 본 모양

24 CHALLENGE STEP 2

p.25

위, 앞, 옆에서 본 모양

다음 모양을 만들고 위, 앞, 옆에서 본 모양을 색칠해 보세요.

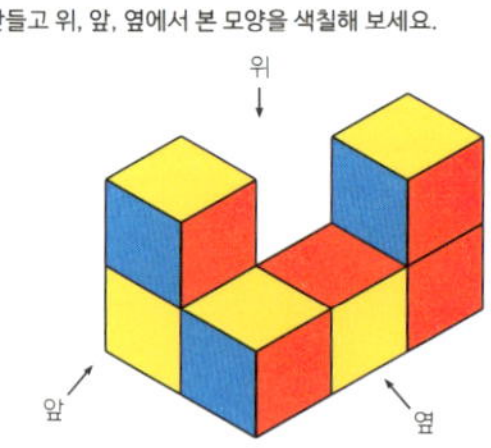

위에서 본 모양 앞에서 본 모양 옆에서 본 모양

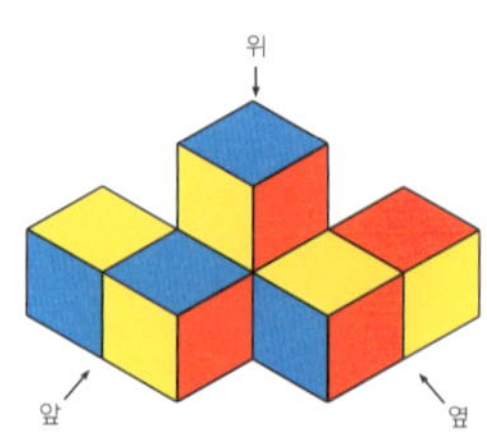

위에서 본 모양 앞에서 본 모양 옆에서 본 모양

3D큐브 25

제시된 방법 외에 다양한 답이 나올 수 있습니다.

p.26

11. 큐브 개수 세기

도형

다음 입체 모양을 큐브 몇 개로 만들었는지 세어보세요.

보기

〈위에서 본 모양〉

2	1

〈큐브의 개수〉 3개

1)

〈위에서 본 모양〉

3	1	3
1		1

〈큐브의 개수〉 9개

2)

〈위에서 본 모양〉

3	1	1
1	1	
1		

〈큐브의 개수〉 8개

p.27

쌓기나무의 개수

3)

〈위에서 본 모양〉

3	2	2
3		

〈큐브의 개수〉 10개

4)

〈위에서 본 모양〉

3	2	1
1	1	1
1	1	

〈큐브의 개수〉 11개

5)

〈위에서 본 모양〉

3	3	2
2	2	2
2	1	1

〈큐브의 개수〉 18개

p.28

12. 위, 앞, 옆에서 본 모양 2

도형

위, 앞, 옆에서 본 모양을 보고, 알맞은 입체 모양을 찾아보세요.

1)

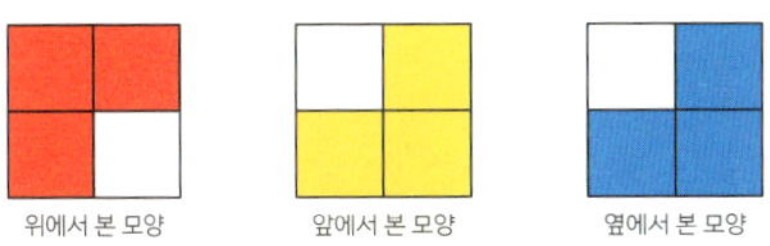

㉮

2)

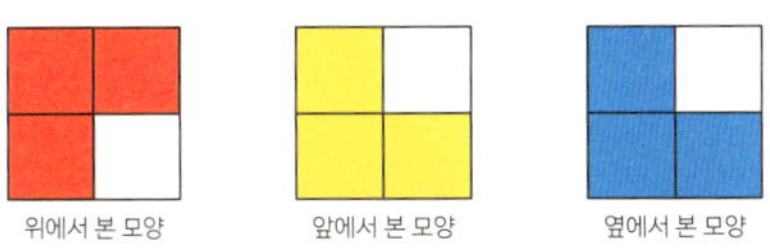

㉰

3)

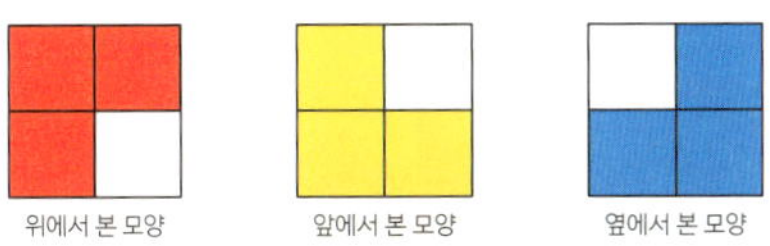

㉯

p.29

위, 앞, 옆에서 본 모양

위, 앞, 옆에서 본 모양을 보고, 알맞은 입체 모양을 찾아보세요.

1)

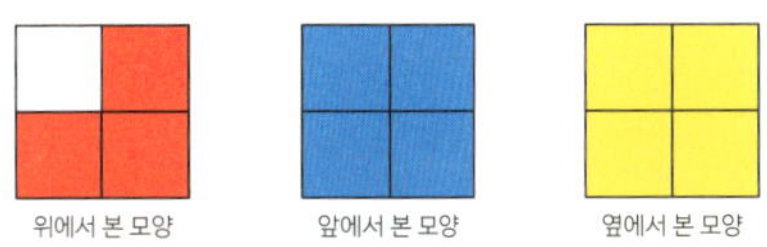

㉰

2)

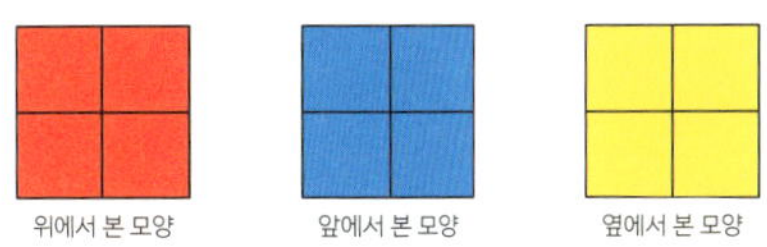

㉮

3)

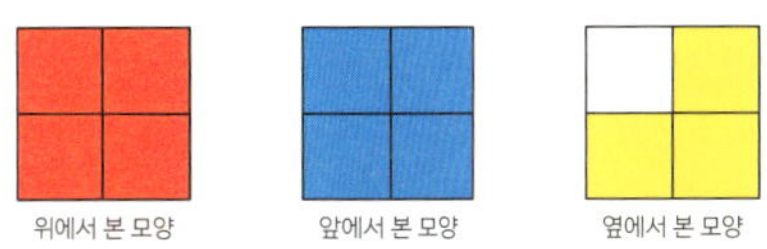

㉯

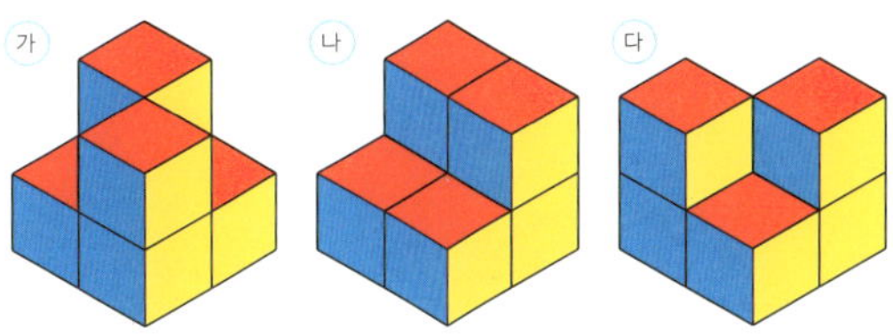

정답 제시된 방법 외에 다양한 답이 나올 수 있습니다.

p.30

13. 위, 앞, 옆에서 본 모양 3

위, 앞, 옆에서 본 모양을 보고 3D큐브를 쌓아보세요.

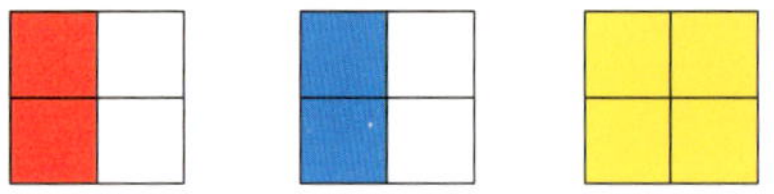

위에서 본 모양 앞에서 본 모양 옆에서 본 모양

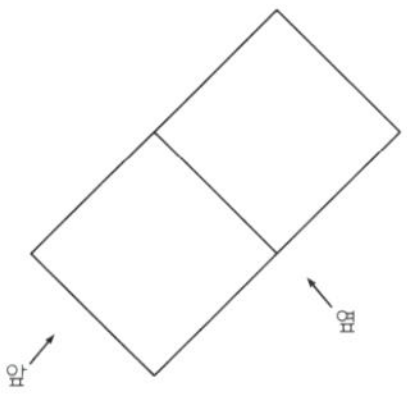

1) 입체 모양은 몇 층인가요? 2층

2) 큐브 몇 개를 사용해서 만들수 있나요? 4개

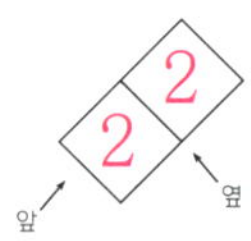

p.31

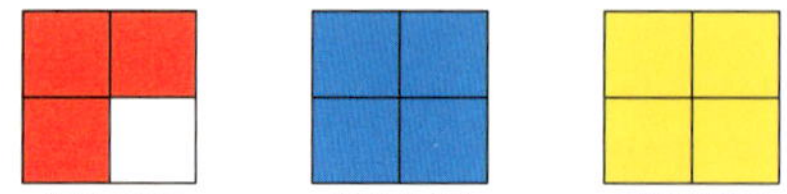

위에서 본 모양 앞에서 본 모양 옆에서 본 모양

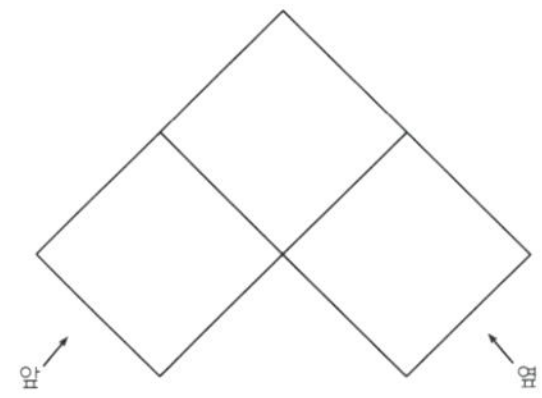

1) 입체 모양은 몇 층인가요? 2층

2) 큐브 6개를 사용해서 만들어 보세요.

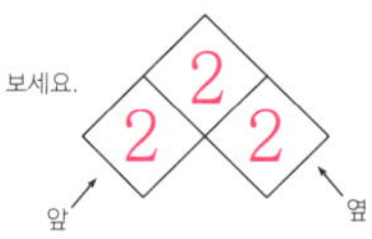

3) 큐브 5개를 사용해서 만들어 보세요.

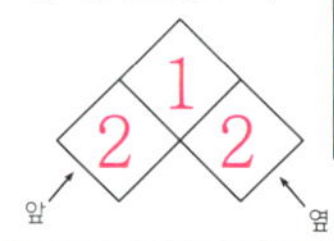

(안보이는 1층에 큐브 있음)

p.32

14. 위, 앞, 옆에서 본 모양 4

위, 앞, 옆에서 본 모양을 보고 3D큐브를 쌓아보세요.

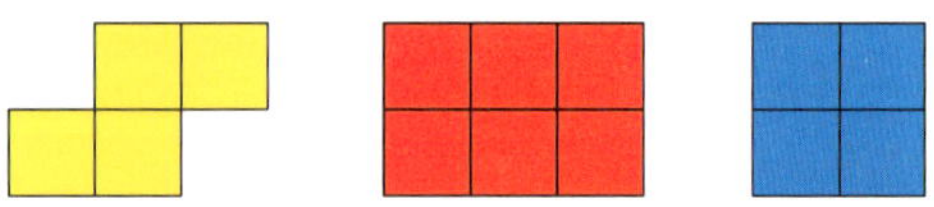

위에서 본 모양 앞에서 본 모양 옆에서 본 모양

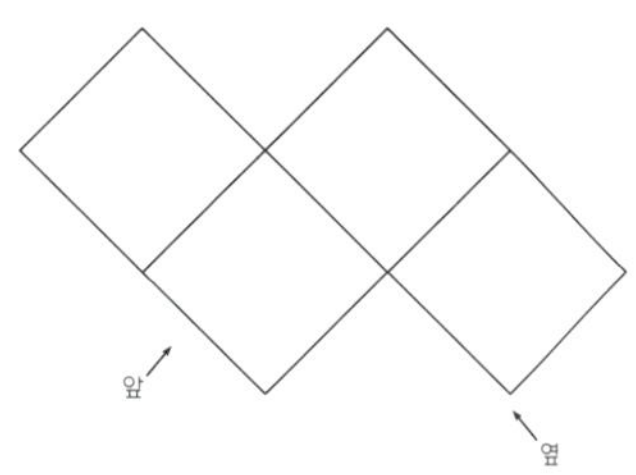

1) 3D큐브 8개로 만들어 보세요.

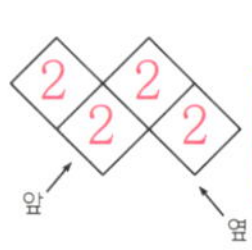

2) 1)에서 만든 모양에서 1개를 덜어내도 위, 앞, 옆에서 본 모양에 변함이 없다고 합니다. 1개를 찾아보세요.

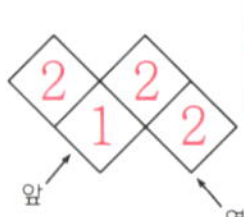

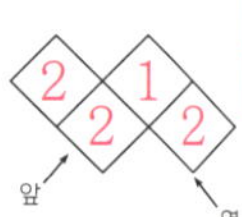

p.33

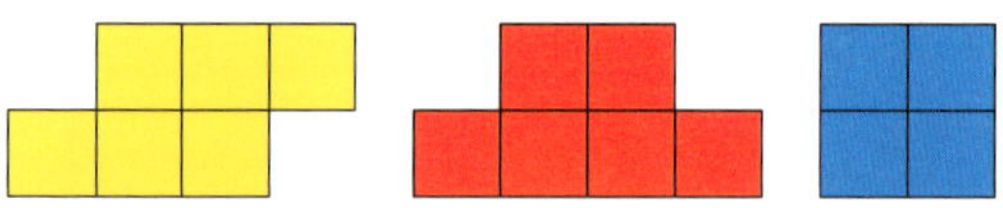

위에서 본 모양 앞에서 본 모양 옆에서 본 모양

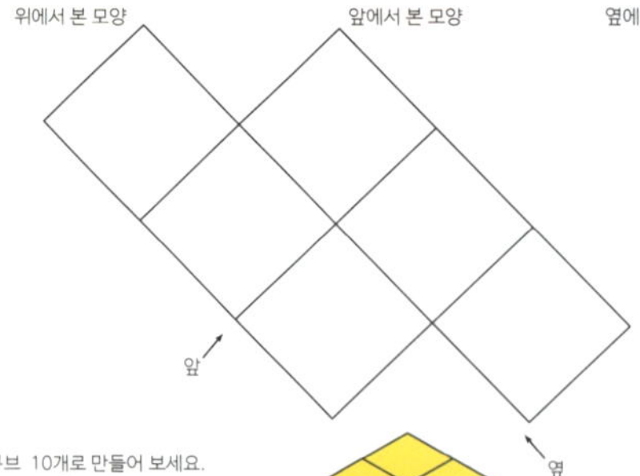

1) 3D큐브 10개로 만들어 보세요.

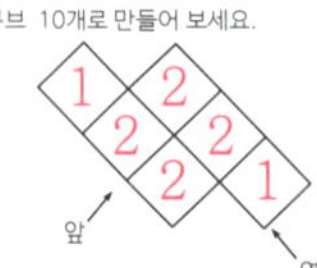

2) 1)에서 만든 모양에서 2개를 덜어내도 위, 앞, 옆에서 본 모양에 변함이 없다고 합니다. 2개를 찾아보세요.

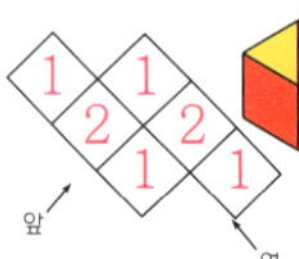

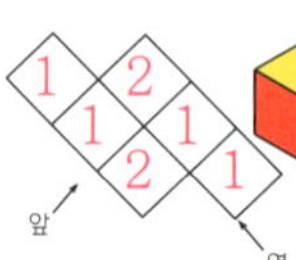

제시된 방법 외에 다양한 답이 나올 수 있습니다.

p.34

15. 3면이 보이는 큐브

도형

다음 입체 모양을 3D큐브 10개로 만들었습니다. 주어진 물음에 답하세요.

1) 위의 모양에서 3면이 보이는 큐브는 몇 개인가요?

2개

2) 위의 모양에서 큐브 2개를 덜어내면 3면이 보이는 큐브가 5개가 됩니다.
어떤 큐브를 덜어낼지 ○하세요.

34 CHALLENGE STEP 2

p.35

문제해결

다음 입체 모양을 3D큐브 12개로 만들었습니다. 주어진 물음에 답하세요.

1) 위의 모양에서 몇 개를 덜어내면 3면이 보이는 큐브가 5개가 된다고 합니다.
어떤 큐브를 덜어낼지 ○하세요.

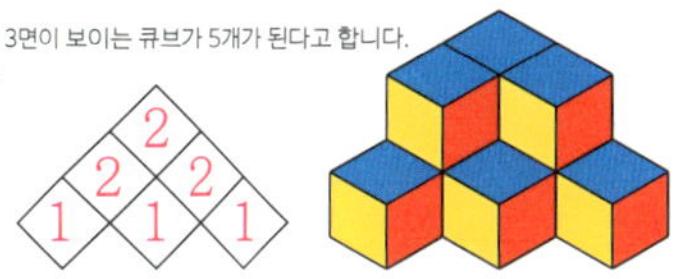

2) 위의 입체 모양과 바닥면의 모양은 같고, 3D큐브 10개를 사용해서
3면이 보이는 큐브가 6개가 되도록 만들어 보세요.

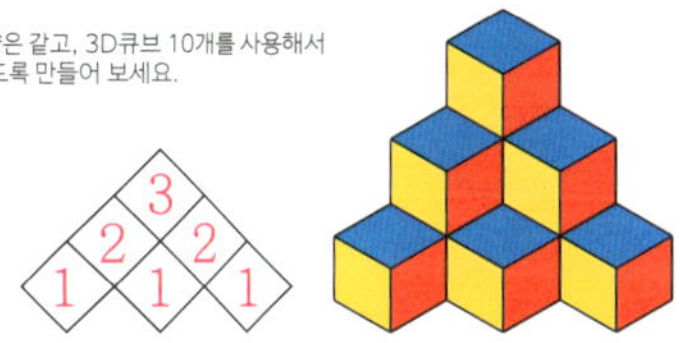

3D큐브 35

p.36

16. 큐브 스도쿠

도형

가로줄과 세로줄에 서로 다른 색이 오도록 놓고 색칠해 보세요. 이때, 옆에서 본 모양과 앞에서
본 모양도 서로 다른 색이 와야 합니다.

36 CHALLENGE STEP 2

p.37

문제해결

가로줄과 세로줄에 서로 다른 색이 오도록 놓고 색칠해 보세요. 이때, 옆에서 본 모양과 앞에서
본 모양도 서로 다른 색이 와야 합니다.

3D큐브 37

정답 제시된 방법 외에 다양한 답이 나올 수 있습니다.

p.38

17. 겉면의 색의 개수

측정

그림과 같이 3D큐브를 쌓아보고 겉면에 보이는 색의 개수를 세어보세요. 이때, 같은 색 면끼리 붙여야 합니다.

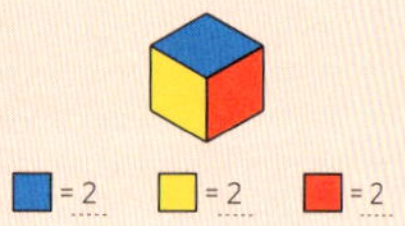

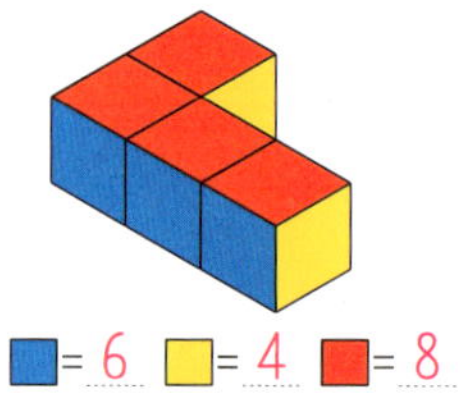

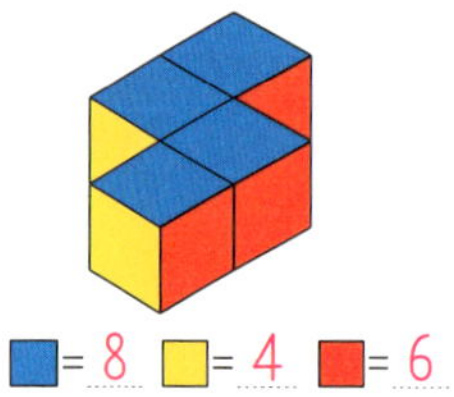

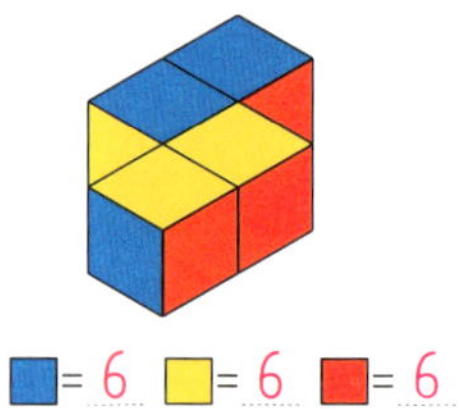

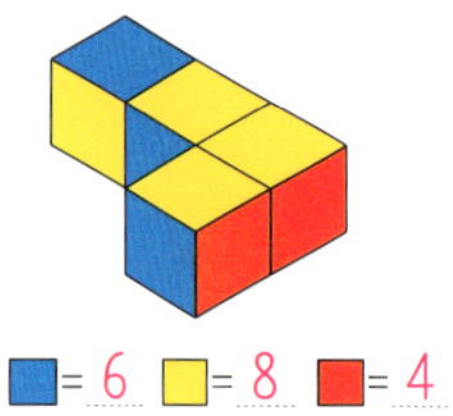

p.39

겉면의 개수

3D큐브를 쌓아보고 겉면에 보이는 색의 개수를 세어보세요. 이때, 같은 색 면끼리 붙여야 합니다.

p.40

18. 색배열퍼즐 1

규칙성

다음 보기와 같이 오른쪽과 아래쪽의 숫자는 각각 가로줄과 세로줄에 있는 큐브 윗면의 색의 개수를 나타냅니다. 그림 위에 주어진 색의 수만큼 3D큐브를 놓아보고 색칠해 보세요.

보기

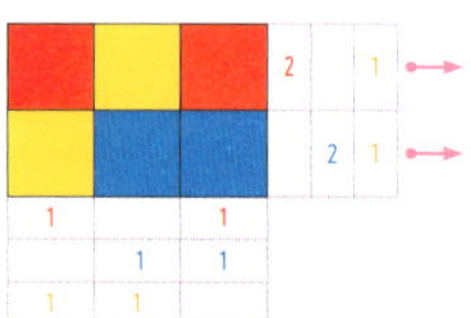

빨간색 면 2개, 노란색 면 1개

파란색 면 2개, 노란색 면 1개

빨간색 면 1개, 파란색 면 1개

파란색 면 1개, 노란색 면 1개

빨간색 면 1개, 노란색 면 1개

• 숫자의 순서는 색의 위치가 아니고, 빨간색, 파란색, 노란색 면의 개수를 나타낸 것입니다.

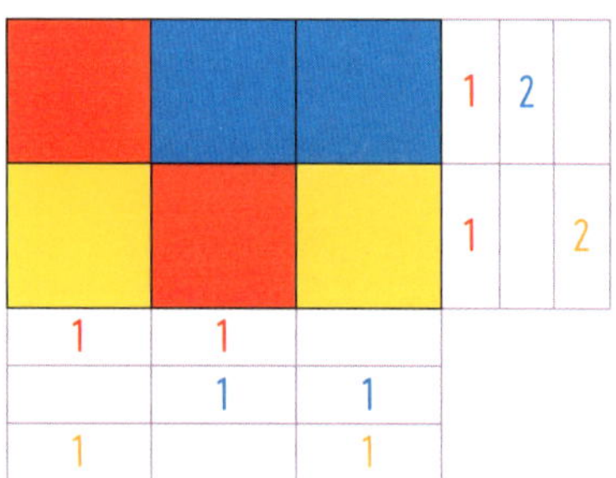

p.41

문제해결

그림 위에 주어진 색의 수만큼 3D큐브를 놓아보고 색칠해 보세요.

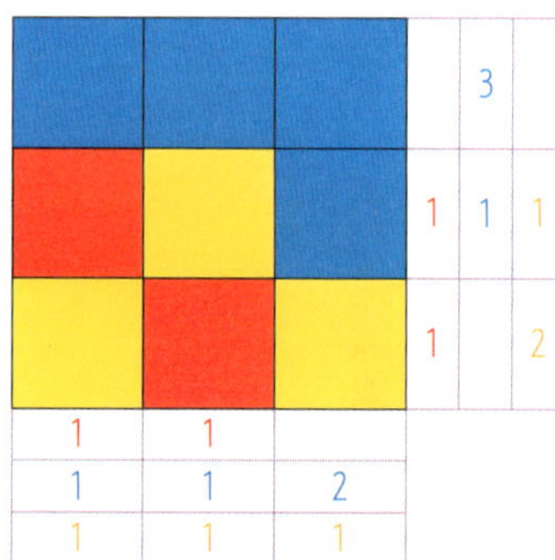

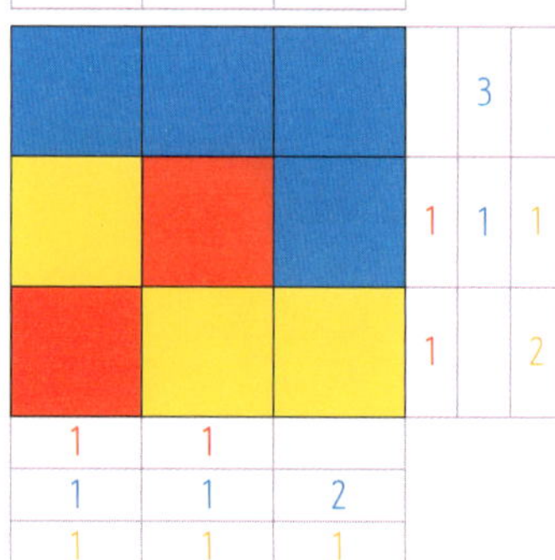

제시된 방법 외에 다양한 답이 나올 수 있습니다.

p.42

19. 색배열퍼즐 2

규칙성

그림 위에 주어진 색의 수만큼 3D큐브를 놓아보고 색칠해 보세요.

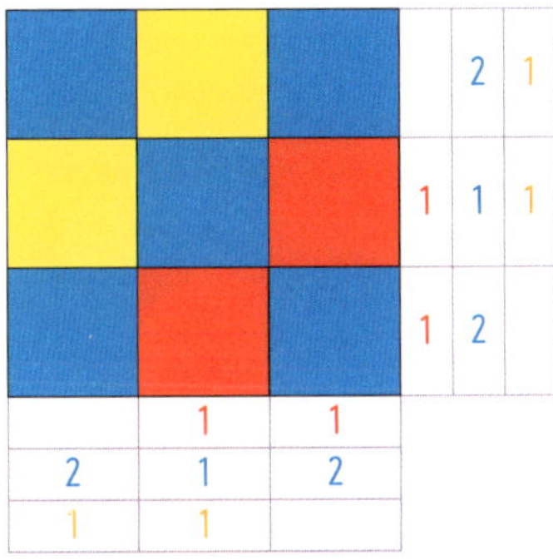

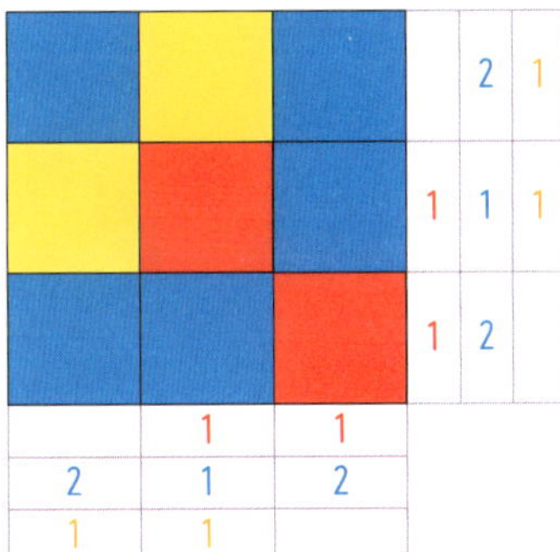

42 CHALLENGE STEP 2

p.43

문제해결

그림 위에 주어진 색의 수만큼 3D큐브를 놓아보고 색칠해 보세요.

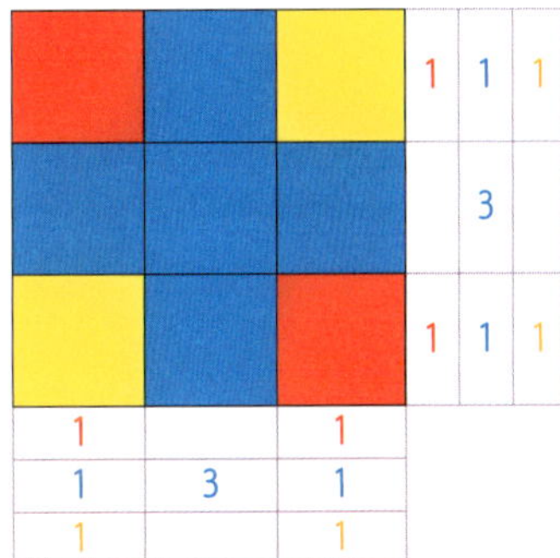

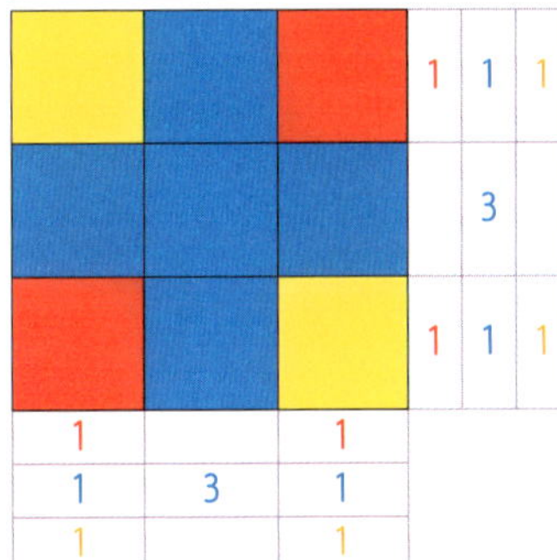

3D큐브 43

p.44

20. 색배열퍼즐 3

규칙성

그림 위에 주어진 색의 수만큼 3D큐브를 놓아보고 색칠해 보세요.

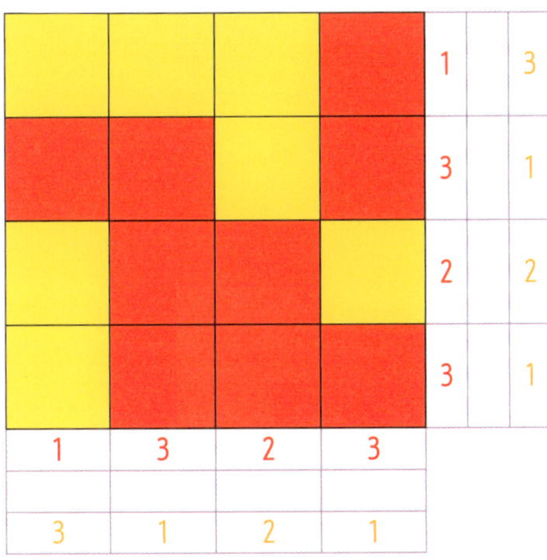

44 CHALLENGE STEP 2

p.45

문제해결

그림 위에 주어진 색의 수만큼 3D큐브를 놓아보고 색칠해 보세요.

3D큐브 45

MEMO